3分钟搞定对方

李屹之 编著

武汉出版社
WUHAN PUBLISHING HOUSE

（鄂）新登字 08 号
图书在版编目 (CIP) 数据
3 分钟搞定对方 / 李屹之编著. —武汉：武汉出版社，2010.9（2018.12 重印）
ISBN 978-7-5430-5244-4
Ⅰ.①3… Ⅱ.①李… Ⅲ.①人际关系学－通俗读物
Ⅳ.①C912.1-49

中国版本图书馆 CIP 数据核字（2010）第 147571 号

书名：3 分钟搞定对方

编　　著：李屹之
本书策划：李异鸣
特约编辑：李婷婷
责任编辑：明廷雄
装帧设计：象上品牌设计
出　　版：武汉出版社
社　　址：武汉市江岸区兴业路 136 号　**邮　　编：**430014
电　　话：(027) 85606403　85600625
http: //www. whcbs. com　　　E-mail：wuhanpress@126. com
印　　刷：北京高岭印刷有限公司　　**经　　销：**新华书店
开　　本：787mm × 1092mm　1/16
印　　张：13　　**字　　数：**206 千字
版　　次：2010 年 9 月第 1 版　2018 年 12 月第 2 次印刷
定　　价：59.80 元

前言 *Foreword*

有的人，不管走到哪里，都会是焦点：体面的衣着、精致的打扮、巧妙的语言、智慧的头脑……从里往外吸引人，到哪儿都有强大的气场。从饭店的服务员，到公司的大客户；从身边的朋友同事，到单位的上司，不管是跟谁打交道，他们都会占据主动，3分钟就“俘获”对方，让对方在心花怒放的同时，自己也能达到目的。

也许有人会对此很不屑，“不就是有点交际手腕吗？”

这些社交达人是懂得交际之道，也正因为如此，他们才能在人际交往中如鱼得水、游刃有余。但千万不要对此不屑，人际公关不是光靠动动嘴皮子，套套近乎，绝对没有这么简单。其中的妙招和秘诀值得去学习。那么，如何快速掌握黄金人际公关术，在3分钟内搞定对方呢？

先来修炼自己的“内功”。大方得体、面带微笑，拥有淑女绅士气质，虽然做不到“上知天文，下懂地理”，也要有些内涵。在谈起房价、油价的时候能说出有见地的观点；在说到最新的时尚时，能插上几句……相信任何一个人都不会拒绝跟这样的人交往。

包装完自己，再来环顾周边的人吧。带上你的“火眼金睛”去细细打量，对方的相貌、衣着、举止，尽在你眼底，你从中发现了什么性格“密码”了吗？社交达人可是一眼就能由此判断出对方的品位、兴趣和大概的性格，这难道不是一个人有能力有眼光的表现吗？如果你以前从未注意过对方这些方面，那么从现在开始，学会留心吧。

单有“火眼金睛”还不够，别忘了往嘴巴上抹点蜜。不乱拍马屁，在该赞美的时候赞美，赞美他引以为豪的事情，赞美他的能力和与众不同——谁会厌烦把好听话说到自己心坎里的人呢？对方不喜欢这样的人才怪呢。

要知道，社交达人能赢得对方的“芳心”，靠的不是自身的强势，而是一种修为和境界。该示强的时候，他不会软弱，该示弱的时候，他也懂得弯腰低头，有宽容的胸怀，有豁达的气魄。他们懂得礼貌和礼仪，不管是接打电话还是登门拜访，不管是在“厅堂”还是“厨房”，他们表现出的翩翩风度，都让人觉得大方得体。说到这里，大家也会对社交达人心服口服了吧。他们不止用策略赢得人心，更是用真心换取真心。

不仅如此，社交达人还有你所不知的能力呢。做事到位又不过火，酒桌上放得开又不失规矩，求人办事有低姿态却不低三下四……这种种能力是不是你所希望拥有，却又缺失的呢？所以，不要厚此薄彼，也不应过于自大，对自身欠缺的，要努力去学习和弥补。

世界上没有真正的笨人，只有不肯学习、不懂得学习的人。如果你有“猜不透对方心意”之类的感慨，不是因为你没有能力，只不过是有些技巧和妙招你还没学到。而本书给你的，就是你所需的全部。3分钟搞定对方，不是某些人的特长，你也能做到；掌握黄金人际公关术，你就是下一个社交达人。

目录 Contents

第一章

由表及里地包装自己：
要搞定对方的心，你必须从这里起航

社交是一门艺术，是一种智慧，也是我们立身处世的一门必修课。不论我们是否喜欢、是否对此烦不胜烦，我们都不能摆脱错综复杂的人际关系。然而，即使有此觉悟，也并非每个人都能在这个大舞池中星光熠熠。有人长袖善舞，得偿所愿，也有人败北失意，长吁短叹。不管你在社交圈中游刃有余，是位社交达人，还是尚在“修炼”阶段，都来看看下面的箴言吧。它能帮助你走好社交第一步，只用3分钟，便可让你成为社交圈中的明星。

3FENZHONG GAODING DUIFANG

走好印象第一步，赢在人际起跑线

有科学研究表示，在与陌生人交往的过程中，所得到的有关对方的最初印象即第一印象。第一印象并非总是正确，但却总是最鲜明、最牢固的，并且决定着以后双方交往的过程。走好印象第一步，最重要的在于给对方留下好的第一印象。在关键时刻能留给对方好的第一印象，就是给自己争取了机会，这无疑意味着，在人际起跑线上，你已经赢了。

说幸运来自第一印象，也许是最没有异议的了，因为身边经常会有这样的事情发生。有一篇故事，说一位先生登报招聘一名办公室勤杂工。约有50多人前来应聘，但这位先生只挑中了一个男孩。“我想知道，”他的一位朋友说，“你为什么喜欢那个男孩？他既没带一封介绍信，也没有任何人推荐。”

“你错了，”这位先生说，“他带来许多介绍信。他在门口蹭掉了脚下带来的土，进门后随手关上了门，说明他做事小心仔细；当他看到那位残疾老人时，就立即起身让座，表明他心地善良，体贴别人；进了办公室，他先脱去帽子，回答我的提问时干脆果断，证明他既懂礼貌又有教养；其他所有人都从我故意放在地板上的那本书上迈过去，而这个男孩却俯身拾起它并放回桌子上；他衣着整洁，头发梳得整整齐齐，指甲修得干干净净。难道你不认为这些就是最好的介绍信吗？”

那位男孩通过自己的一言一行，打动了主考官，成功地增加了“印象分”，推销了自己。由此可见，幸运其实并不神秘，也并不是“可遇不可求”，打造完美的第一印象，你也许就是下一个“遭遇”幸运的人。

在日常生活中，人的第一印象对人后来形成的总体印象具有很大的影响力。例如，领导对一个下属的第一印象好的话，就十分有利于下属，甚至会影响到今后是否会被重用。如果领导对下属的第一印象极差的话，那这位下属就很难纠正他的印象，而不太受这个领导的欢迎。

在人际交往中，我们也总会有这样一种感觉，当与某人第一次接触后，对他印象好，你就很希望与他接触，对他的评价也高。而没给你留下好的第一印象的人，你会对他感到不快，甚至在朋友们谈及他时，你也会表现出对他的不满意。可见第一印象的影响力之大。

对于第一印象的人际吸引力，享有日本“推销之神”的原一平有着深刻的理解。

原一平在进入保险公司的第一年，拜会了一家寺庙的住持。他回忆当时的情景时说：“由于对方毫无拒人之意，我就在内心浮起会心一笑。一进入寺庙，刚刚坐定，我就冲着住持先生，滔滔不绝地说出投保对和尚有哪些好处，当时的气氛之佳，使我不期然地在心中告诉自己：‘这一趟路没白跑，缔约必成。’可是做梦也没想到，从头到尾一声不吭地倾听的和尚，劈口说出的一句话，有如给我当头一棒，让我愣了半天。”

那和尚究竟说的是一句什么话呢？他说：“人呀，还是要在初次会面时有一种强烈的吸引人的东西。做不到这一点的话，你的将来就没有什么发展可言。”

之后的原一平，用他“婴儿般纯真无邪的笑”给顾客留下了美好的第一印象，使他在保险业上超过了那些各方面条件比他强的同行。

以下建议是众多国际形象大师公认的打造良好第一印象的要点：

- 与人初次相识，要穿着得体、整齐——你的外表就代表了你。穿着合适，这首先是对自己的尊重，然后才是对别人的尊重。
- 面带微笑，表示友好、热情。
- 保持与别人的目光接触，表示你的专注和对别人的重视。
- 要有力紧握别人的手，一定不要用冷冰冰的方式握手。
- 用自己的身体语言展示出自信的态度，保持自己的仪态，保持上身挺立。
- 把你的注意力给予别人，做一个专注的“听众”，不要夸夸其谈、自吹自擂，要考虑到别人正在观察你。

既然第一印象在人的社会活动中起着如此大的作用，那么，如果你想赢在人际起跑线上，不想失去任何成功的机会，就别忘记好好塑造你的第一印象。记住，人们普遍喜欢那些穿着得体，为人热情、友好、宽厚、祥和的人，而厌恶那些穿着破衣烂衫，表现得缺乏修养，尖刻的人。所以，征服欲望强烈、自私自利的人很难讨人喜欢。

一位著名的美国企业家说：“在生活节奏紧张的现代社会，很少有人愿意花更多时间去深入了解、旁观一个曾留给他糟糕的第一印象的人，因此，第一印象是非常重要的。如果你给人的第一印象好，你才有可能开始第二步。对于寻求商机的人，一个糟糕的第一印象，往往就意味着失去潜在的合作机会，这种案例数不胜数。正因为如此，你必须花费更多的时间才能够抹去糟糕的第一印象。”

要知道，第一印象在时间有限的条件下，获得的资料往往不全，容易形成先入为主的首因效应，或以偏概全的晕轮效应或刻板印象，而这些印象一旦形成就很难改变。因此，我们要充分利用第一印象的积极作用，在跟别人第一次接触之前，要从仪表、举止、说话艺术等方面做充分的准备，尽可能利用第一次见面的机会，给人留下最好的印象，以增强自身的人际吸引力。

拥有像绅士和淑女一般的气质

气质这个概念已经越来越多地应用于现代生活中，成为衡量一个人社交能力的尺度之一。而人的气质不只固定在一种类型上，也不是一成不变的。要把握好自我气质，也要在社交活动中不断地有意识地培养自己的优良气质。

一个人的气质是指一个人的内在涵养或修养的外在体现。气质是内在的不自觉的外露，而不仅是表面功夫。如果胸无点墨，那任凭用再华丽的衣服装饰，这人也是毫无气质可言的，反而给别人肤浅的感觉。所以，如果想要提升自己的气质，做到气质出众，除了穿着得体、说话有分寸之外，就要不断提高自己的知识、品德修养，不断丰富自己。

对男士来讲，应该如何培养绅士风度呢？有这样几点是需要注意的：

● 仪态

中国人讲究“站如松，坐如钟，卧如弓，行如风”，想必大家都知道是什么意思了。但有些男士就是不注意自己的仪态，仪态不佳，就算长得再帅，给人家的印象也会大打折扣。

要培养绅士风度，仪态至关重要。那么，如何做一个仪态好的绅士呢？首先，请随时保持挺胸收腹。不管是站、坐、走，挺胸收腹都会让你平添一份优雅和自信。站直，挺起腰板，挺胸，收腹，下巴微向内收，双眼自然平视前方。坐的时候尽量不要靠椅背，不管有没有跷二郎腿，都不要晃腿，因为这是很失礼的行为。走路时脚步尽量轻盈，每一步都要脚跟先落地，不要在地上拖着走，那样会显得人很懒散，没有自信。

● 在办公室里的礼仪

不要随便嘲笑女同事的衣着打扮和化妆，那样会显得你很没格调。打电话时不要坐在办公桌上，更不要像女人一样玩弄电话线，那样看起来很娘娘腔。休息时不要趴在办公桌上睡觉，被领导看到尤其不好。不要把腿搁在办公桌上或椅子上，这也是讨人嫌的行为之一。最要紧的一条是，不要随便翻动同事办公桌上的物品，否则以后人家都会防贼似的防着你。

●着装礼仪

你所在的单位或许对着装要求不是那么严格，但不管是在单位还是外出见客户，着装切记的原则就是“干净整洁，大方得体”。商务活动中的最佳衣着是黑色西装，白色或浅蓝色衬衫，黑色袜子和黑色系带皮鞋。领带以细斜纹图案为好，领带的打法是严谨的“温莎结”，又名商务结。如果穿的西装是两扣式，只扣上面一粒，如果是三扣式，只扣上面两粒或中间一粒。

●餐厅(咖啡厅)礼仪

在这种场合，最忌讳大声喧哗。说话要轻声，服务生为你拉椅子和上菜时要欠身表示谢意；如果有女士同行，要主动为女士拉椅子。如果你有抽烟的习惯，请向服务生打听餐厅(咖啡厅)的吸烟区在哪里，和女士同桌时，最好要先问对方你是否可以抽烟。和别人在进餐过程中，不要手拿着刀叉或筷子指指点点，此时要把刀叉放在盘中，摆成八字形，刀刃朝自己；咳嗽打喷嚏时要把脸转到一边，还要用餐巾纸挡住嘴；剔牙时要用另一只手挡住嘴，不要边剔牙边和别人交谈。

●日常生活习惯

尽量早睡早起，这样才能保证身体健康。要定期锻炼身体，毕竟，做运动时的男人是很有魅力的。要保持清洁，勤洗头勤洗澡勤换内衣，不要当“臭男人”——干净的男人永远比满身臭汗的男人受欢迎。男士可以适当用一点香水，切记一定要味道清淡。

●君子德为先

男人不能小气自私，那样只会让人看不起。一个真正的好男人，必定心地善良，正直坚强，待人接物彬彬有礼，宽宏大度而又坚持原则。好男人以助人为快乐之本，处处对老弱妇孺关心照顾，远比那些空长一张帅气脸蛋却满嘴污言秽语，只会以欺负弱小显示自己“男子汉魅力”的家伙可爱得多。

对女士而言，把自己定位为有气质的淑女永远比美女更受人欢迎。美不美说的是天生的长相，而拥有淑女气质则是一个人教养的表现。气质美的女孩，即使丑点，人们也根本不会说她丑。而无知的美在外表，其实很难在男士们的心底烙上美印。前者看着高雅，后者显得俗气。

用培养气质来使自己变美的女子，比用服装和打扮来美化自己的女子要具备更高一层的精神境界。前者使人活得充实，后者把人变得空虚，而最完美的恰恰是两者的结合。气质美，至少蕴藏着真诚和善良。一个虚伪和恶狠的女人，很难想像她有什么温婉与美好。

几乎所有的女性都渴望自己在性格和外表方面对别人具有更大的吸引力。那么，怎样才能修炼出良好的气质呢？懂得如何去发挥自己的优点及克服自己的缺点，便可使你魅力大增。

● 要接受自己的外貌。每一个人在性格或外表方面，都有其独特的气质和优点。懂得如何加以发挥，便可增加吸引力。

● 对别人信任和关心。热诚与关怀，是最具吸引力的气质之一。对别人关心体谅，将会获得相同的回报，别人也将会为此种气质而折服。

● 仪态端庄，充满自信。一个步姿洒脱、意气风发、充满自信的女性，最能吸引别人。

● 保持幽默感。一个懂得在适当的场合和适当的时间展露笑容或开怀大笑的人，定能受到别人的欢迎。

● 不要惧怕显露真实情绪。不论什么样的喜怒哀乐、柔情蜜意，都不应加以隐藏。一个经常压抑、掩藏情绪的女子，会被视为冷漠无情，没有人会喜欢和一座冰山交往。

● 有困难时，应该向朋友求助。朋友会因你向他们求助而感到他们的重要性。他们不但不会轻视你，反而会视你为知己，对你更加喜爱。

● 不要斤斤计较。女性在交往中，要心胸开朗，豁然大度，千万别小心眼、小家子气。不要为一点点小事就大动肝火，斤斤计较，甚至在许多场合弄得大家都非常难堪而下不了台，这样会令人反感的。

● 不要自视清高。女性不要自视清高，在社交中，不能因为别人与自己脾气不同，身份有异，就显示出不耐烦或瞧不起别人的样子，当然也不要因自己的职务、地位不如人家，或长相一般，服饰不佳而过分谦卑。无论在何种场合，都要落落大方，不卑不亢。

● 不要卖弄聪明。每个人都有自己的自尊心，都有引为骄傲的地方。卖弄乃缺少教养的表现。当然，女性一般考虑问题都比男性周到而细致，在那种马大哈的男人面前，适当显示你的周到与细致，他是会非常看重你的。千万不要以为这是要小聪明，这是想得到位的表现，也是女性心思细腻的表现。

• 不要忽视仪表。作为女性，在社交场合，必须注意仪表的端庄整洁。在社交活动时，适当地修饰与打扮是应该的。切忌邋邋遢遢，不修边幅。

做好以上各点之后，女士们的气质会修炼得更好，自然会使气质美日趋成熟。

记住，在社交场合中，温文尔雅的气质，大方得体的举止和言辞，比容貌更有吸引力，更能引起人的注意和好感。用心培养绅士和淑女气质吧，气质的标签在社交场上永远不会过时。

笑容是块最好的"敲门砖"

真诚的微笑是社交的通行证。它向对方表白自己没有敌意，并可进一步表示欢迎和友善。微笑如春风，使人感到温暖、亲切和愉快，能给谈话带来融洽平和的气氛。

有的朋友也许很难将微笑与财富联想到一起。大家所熟知的原一平先生，被誉为保险业的神话。原一平的笑容是如此神奇，在给客户带来欢乐与温暖的同时，也给自己带来了巨额的财富和一世的英名，后被商界誉为"价值百万美元的微笑"。原一平先生在启示年轻人时，常常讲到"微笑是人际交往的敲门砖"，因为他一直信奉：不管客户怎么样，你都不要忘记微笑——真诚的微笑。要明白，没有人会拒绝一个很真诚地向他微笑的人。有了这个先决条件，你就已经离成功不远了。

有人说，在人生旅途上，最好的敲门砖就是——微笑。的确，没有人能轻易拒绝一个笑脸。笑是人类的本能，要人类将笑容从脸上抹去是件很困难的事情。由于人类具有这样的本能，因此微笑就成了两个人之间最短的距离，具有神奇的魔力。

美国的希尔顿饭店名贯五洲，是世界上最富盛名和财富的酒店之一。董事长唐纳·希尔顿认为，是微笑给希尔顿带来了繁荣。为什么希尔顿这么重视微笑呢？许多年前，一位老妇人在希尔顿心情不好的时候去拜访他，希尔顿不耐烦地抬起头，他看见的是一张微笑的脸——这张笑脸的力量是那么不可抗拒，希尔顿立即请她坐下，两人开始了愉快的交谈。交谈中，他发现老妇人真的是那么慈祥，她脸上真诚的微笑完全感染了他。从此，他把"微笑"服务作为饭店的宗旨。每当他在世界各地的希尔顿饭店视察时，总会问员工："今天，你对客户微笑了吗？"如果你去任何一家希尔顿饭店，你就会亲身感受到希尔顿的微笑。

唐纳·希尔顿总结说：微笑是最简单、最省钱、最可行、也是最容易做到的服务，更重要的是，微笑是成本最低、收益最高的投资。因此，他要求员工不管多么辛苦，多么委屈，都要记住任何时候对任何客户用心真诚地微笑。即使是在20世纪30年代的大萧条中——各行各业的每个人脸上都挂着愁云惨雾的时代，希尔顿的员工仍然用自己的笑容给每位客户带去阳光。大萧条过后，希尔顿率先进入了繁荣期。

无独有偶，乔·吉拉德的成功秘诀也在此。被誉为“世界上最伟大的推销员”的乔·吉拉德，长期保持着销售昂贵商品的世界纪录——平均每天卖6辆汽车，被欧美商界称为“能向任何人推销出任何产品”的传奇人物。其成功的一个重要原因，就是他那富有感染力并为他带来财富的笑容。他说：“当你笑时，整个世界都在笑。一脸苦相的人，没有人愿意理睬你。”他还举出实例：“有人拿着100美元的东西，却连10美元都卖不掉，为什么？你看看他的表情。要推销出去自己，面部表情很重要，它可以拒人千里，也可以使陌生人立即成为朋友。”

微笑，在商界往往能产生巨大的经济效益。事实上，不管是在商界还是普通的人际交往中，微笑都是叩开对方心灵最好的敲门砖。

一家发行量很大的杂志社的主编，名片上除了姓名和联系方式，没有任何头衔，只印有一行字：你微笑，世界也微笑。每当他递出名片的时候，都能看到对方会心的微笑。

微笑，是人类传达亲和态度的表情。在心情好的时候，人们才会经常微笑；只有会微笑的人，才能在人际交往中更受欢迎。

有一位单身女子刚搬了家，发现隔壁住的是一个寡妇与两个小孩子。有天晚上，那一带忽然停了电，那位女子点起了蜡烛。过了一会儿，忽然听到有人敲门，原来是隔壁邻居的小孩子。只见他紧张地问：“阿姨，请问你家有蜡烛吗？”女子心想，他们家竟穷到连蜡烛都没有，千万别借他们，免得被他们依赖了。于是，对孩子吼了一声说：“没有。”

正当她准备关上门时，那穷小孩展开笑容说：“我就知道你家一定没有。”说完，竟从怀里拿出两根蜡烛，说：“妈妈和我怕你一个人住又没有蜡烛，所以我带两根来送给你。”这一刻，女子感动得热泪盈眶，将那小孩子紧紧地拥在怀里。

微笑让我们如此美丽。有人说，微笑是特效护肤霜，把它抹在脸上，我们会愈加美丽。微笑是心底的一股泉水，它使我们的内心丰富而深情。微笑之于朋友，是心灵的默契；微笑之于陌生人， 是心灵的最短距离。

曾经有这样一个故事：

一天，玛丽一个人在家。突然，听到一阵敲门声，玛丽打开门时，发现一个持刀的男人正恶狠狠地看着自己。玛丽灵机一动，微笑着说："朋友，你真会开玩笑，是推销菜刀的吧？我很喜欢，我要一把……"边说边让男人进屋，接着说："你很像我过去一位好心的邻居，看到你真的好高兴，你要咖啡还是茶……"

本来面带杀气的歹徒渐渐腼腆起来。他有点结巴地说："谢谢，哦，谢谢。"

最后，玛丽真的"买"下了那把明晃晃的菜刀，陌生男人拿着钱，迟疑了一会儿走了，在转身离去的时候，他说："小姐，你将改变我的一生。"

微笑可以缩短朋友之间的距离，可以征服陌生人的心灵，可以让"恶人"向善……人类微笑的时候，样子很好看，不信你对着镜子照照。当你对别人微笑时，人们也对你微笑；当你由衷地微笑时，你会发现整个世界都在微笑。

表示礼貌，要从对方的称谓开始

称谓，是指人们在交往应酬中所使用的表示彼此关系的称呼。在人际交往中，正确、恰当地称呼对方，记住对方的姓名，是一个起码的要求。如果想成为“人脉达人”，要表现出对交往对象的尊敬与重视，就必须对对象的称呼予以高度重视和认真对待。这是因为，选择正确和适当的称呼，不但能够反映出自身的教养和素质，还能体现双方关系所发展到的具体程度。

从总体上讲，在人际交往中称呼对象的姓名有两点注意事项：第一，要符合常规。第二，要不出差错。最重要的是，一定要记住对方的姓名，并善于采用对方的尊称。做到了这两点，就不会在称呼这个问题上失礼，而且还有利于缩短交往双方的心理距离，赢得对方的好感，更容易“搞定”对方。

在交往中，关于对方的称谓，主要应注意称呼有别这一点。在人际交往中，对接触对象所使用的具体称呼，往往备受对方重视。因为选择一种称呼，不仅反映着自身的教养和对对方尊重的程度，而且还体现着双方关系的发展程度。在称呼对方时，应该注意称呼正规、区分对象、主次有序、防止犯忌四个具体事项。

称呼正规

在工作岗位上，人们所使用的称呼自有其特殊性。下述五种正规的称呼方式，是交往活动中可以广泛采用的：

● 称呼行政职务。在正式场合中，尤其是在具体工作中，要以交往对象的行政职务相称，以示敬意有加、身份有别，这是接待活动中最常见、最正规的一种称呼方式。

● 称呼技术职称。当今社会，正处于知识经济的时代，有文化、有知识、有技术的人士受到普遍的尊敬。在交往活动中，对交往对象中具有技术职称者，特别是具有高级、中级专业技术职称者，在工作中可直接称其技术职称，以示对其敬意有加。

● 称呼具体学位。与前一种情形相类似，在交往中，特别是在实际工作或学术活动中，以交往对象的具体学位相称，既可增强现场的学术气氛，又可增加被称呼者的权威。

● 称呼职业名称。在交往活动中，仅仅了解接待对象所从事的具体行业，而不清楚对方的行政职务、技术职称或者具体学位时，可直接称呼被称呼者的行业名称，可行而又不失礼。例如，可以统称教师为老师，称医生为大夫，称警察为警官等。

● 称呼通行尊称。所谓通行尊称，也称为泛尊称，通常适用于各类被称呼者。诸如女士、先生等，都属于通行尊称。不过，其具体适用对象往往小有差别。

此外，对同事、熟人，可以直接称呼其姓名，以示亲密无间，但对尊长、外人，则显然不宜如此。

区分对象

当面对不同行业、不同职务、不同身份乃至不同性别的对象时，还要根据交往对象的具体不同，而在具体称呼上有所区别。一般说来，对于成年人，可以将男士称为先生，将妇女称为夫人或女士。这是目前所通行的泛尊称。在称呼妇女时还要注意，对已婚者应称夫人，对未婚者或不了解其婚否者可称小姐，对于不了解其婚否者也可称之为女士。此外，在不同的场合还有不同的讲究。具体而言，主要有下列几点需要特别重视：

● 政务活动。在政务活动中，除了可以使用泛尊称外，通常也可以称呼对方的行政职务。

● 军事交往。在军事交往中，对于军界人士，最佳的称呼往往是称其军衔。对于其行政职务，有时则不必称呼。

● 宗教场所。在宗教场所中，对于神职人员，一般均应以其神职相称。有两点要特别加以注意：第一，切勿在称呼神职时出现差错；第二，越是正式的场合，越应当在称其神职时采用全称。

● 普通场合。在普通场合中，对于教授、研究员、工程师、律师、法官、医生等职称、职务或学位拥有者，均可以直接相称，对方对此往往会感觉十分顺耳。

主次有序

在实际工作中，往往需要在同一时间、同一地点之内对多名接待对象同时加以称呼。在这种情况下，既要注意在称呼对方时面面俱到，又要注意在称呼对方时主次有序。所谓主次有序，通常指的是在需要同时称呼多名接待对象时，一定要首先分清主次，然后由主到次、依次而行。在实际操作中，其标准做法有下列四种：

● 由尊而卑。它的具体含义是：称呼多名人士时，应当自其地位较高者开始，自高而低，按顺序依次进行。

● 由疏而亲。它的具体含义是：若被称呼的多名人士与自己存在亲疏之别，为避嫌疑，一般应当首先称呼其中与自己关系生疏者，然后再称呼其中与自己关系亲近者。

● 由近而远。有时不便细分多名被称呼者的尊卑、亲疏，那么则不妨以对方距离自己具体空间位置的远近来进行，即先称呼距离自己最近者，然后再依次称呼距离自己较远者。

● 统一称呼。在某些特殊情况下，对多名称呼者不必一一称呼，或者不便一一称呼时，则可采用统一称呼对方的方式作为变通。例如，以诸位、大家、各位来宾、女士们、先生们等方式直接称呼对方。

防止犯忌

在人际交往中，千万不要因为称呼而冒犯对方的禁忌。一般而言，以下七种错误称呼都是接待人员平日不宜采用的：

● 错误的称呼。在称呼接待对象时，千万不能有任何形式的差错。因为不论何种差错，都是十分失礼的。

● 庸俗的称呼。某些市井流行的称呼，因其庸俗低级、格调不高，甚至带有明显的黑社会习气，在接待活动中应当绝对禁止使用。接待人员在正式场合如采用低级庸俗的称呼，既失礼，又失自己身份。

● 绰号性称呼。在接待活动中，对关系一般者，切勿擅自称呼对方的绰号，更不应该以道听途说而来的绰号去称呼对方。至于一些对对方具有讽刺侮辱性质的绰号，则必须严禁使用。接待人员一定要记住：在任何情况下，当面以绰号称呼他人，都是不尊重对方的表现。

● 地域性称呼。有些称呼，诸如师傅、小鬼等，具有很强的地域性特征。一旦对其不分对象地滥用，往往难免出错。

● 简化性称呼。在正式场合，有不少称呼不宜随意简化。例如，把范局长、沙处长称为范局、沙处，就显得既不正规，又不礼貌。

● 无任何称呼。在需要称呼接待对象时，一定要有适当的称呼。如果根本不用任何称呼，或者代之以“喂”、“哎”、“下一个”……都是极不礼貌的。

● 距离不当的称呼。在人际交往中，若是与仅有一面之缘者称兄道弟，或者称其为同学、战友、朋友、老板等，都是与对方距离不当的表现，应当避免使用此种称呼。

称谓，运用得恰如其分，可以拉近上下级、同事和朋友之间的关系；运用得不好却有可能带来不必要的烦恼。恰当地称呼别人，是给他人留下好印象的第一步，每个人都要掌握其中的原则并妥善运用。

大方得体的人很容易受到欢迎

举止是一个人自身修养在生活和行为方面的反映，是体现一个人内涵的一面镜子。没有大方得体的举止，就没有优雅的风度。在为人处世中，大方得体的举止是内在涵养的表现，会给人留下更为良好而深刻的印象，从而受到欢迎。

举止礼仪并不是人们规定出来的，而是大多数人经过实践并被充分认可的。所以，你如果举止不得体，就会被人们看不惯，别人就会认为你对周围的人以及交往对象不尊重，那你还可能受到大家的欢迎吗?

在日常生活中，我们经常碰到这样的人：他们或是仪表堂堂，或是漂亮异常，然而一举手、一投足，便可现出其粗俗。这种人虽金玉其外，却是败絮其中，只能招致别人的厌恶。所以，在社交活动中，要给对方留下美好而深刻的印象，外在的美固然重要，而大方得体的举止等内在涵养的表现，则更为人们所喜爱。这就要求我们应当从举手、投足等日常行为方面有意识地锻炼自己，养成良好的站、坐、行姿态，做到举止端庄、优雅得体、风度翩翩。

丽莎是一个外资公司的客户服务人员，是家里的独生女，而且长得非常漂亮，看到她就让人有一种眼前一亮的感觉。她的学历和能力在公司里都是一流的，但进公司两年多了，还是一个普通的员工，没有得到升职的机会。

丽莎自己也很苦恼，她知道都是自己的行为举止拖了自己的后腿，可一时半会儿还改不掉。比如，开会的时候，丽莎总是无意识地就趴到了桌子上，让在座的领导和同事都冷眼看她；和同事聚餐的时候，她动不动就拿出小镜子和木梳来梳理她的头发，有时还会有几丝乱发不听话地飘到餐桌上，让其他人很厌烦；最要命的是，可能丽莎对自己的外表非常自信，所以走路的时候总是扭着屁股，让人看着很另类。丽莎还有很多类似的不好的举止习惯，有时候和客户在一起的时候，让客户很不满意，从而也影响了公司的形象。上周老总就警告过丽莎，如果还不尽快纠正自己的举止行为，就请她另谋高就了。

丽莎虽然其他方面都很优秀，但不良的举止却给她增添了没完没了的烦恼，也阻碍了她未来的发展。所以说，在日常生活和工作中，大方得体的举止是很重要的。

如果你的举止不得当，纵使你有再强的能力，也不会给人留下好印象，这样，又怎么能够成为人脉高手呢？

人们一定要遵守举止有度的原则。正确而优雅的举止，可以使人显得有风度、有修养，给人以美好的印象；反之，则显得不雅，甚至失礼。什么样的举止才算是有风度呢？大家在办事的时候不妨注意以下几点：

举止有度。就是所谓的“站有站相，坐有坐相”。一个人在站立时要保持身体正直，切忌东倒西歪，耸肩驼背。从正面看，其身躯应当正直，头、颈、身躯和双腿应与地面相垂直；从侧面看，其下颌微收，眼平视前方，挺胸收腹，整个体形显得庄重、平稳。两腿间距不宜过大，以不超过一脚为宜。站立时间较长时，可以一腿支撑，另一腿稍稍弯曲。站立交谈时，双臂可随谈话内容做一些手势，但不宜将手插入裤装里或交叉在胸前，更不要摆弄一些小物品，因为这样做既不庄重，也显得缺乏自信。

一个人坐着的姿态要端正，不要东倒西歪、两腿抖动，也不要一条腿放在另一条腿上，跷着“二郎腿”。在靠背的座椅上时，上身应保持正直微向前倾，两肩平行，自然下垂，两手随意放在膝头，腿距与肩宽大致相等，两脚自然着地。在有靠背的座椅上就坐时，身体可以微微向后倾，靠在靠背上，但不要仰靠，露出懒散的样子。另处，腿不宜分得太开。

走路时，身体应当保持正直，不要过分的摇摆，也不要左顾右盼，两眼应平视前方，两腿有节奏地交替向前迈开，步履轻捷，不要拖拉，两臂在身体两侧要自然摆动。

举止得当。就是指在社交生活中某些举止具有的特殊礼貌意义。

● 点头

用点头来打招呼时，点头者应两眼看着对方，面部略带微笑，等对方有表示时再转向别的方向。点头可以用来打招呼，也可以用来表示敬意。点头和握手可以配合使用。

● 举手

这是一种与对方距离较远或交臂面过，时间仓促时打招呼的方式，也是一种常见的礼貌举止。由于条件有限，打招呼者无法与对方交谈或站停施礼，在这种情况下，举手打招呼是最合适的。这种方式不但可以表示你也认出对方，而且还可能在短时间里、远距离内表达你的敬意。

●起立

这是一种在较正式场合使用的礼貌举止。在这种场合时，有长者、尊者到来时或离开时，在场者应起立表示敬意。如长者、尊者来访，在场者应起立表示敬意，待来访者落座后，才可坐下。当长者、尊者离去时，也应起立，待他们离开时即可落座。

●鼓掌

这是在社交场合表达赞许或向别人祝贺等感情时的礼貌举止。在正式的社交场合，当重要人物出现、精彩的演讲完毕或表演结束时，人们可以用鼓掌来表达自己的敬意和赞赏。鼓掌通常应该出声，不出声仅做出鼓掌的样子也可以，但要让别人看见你的动作。

●餐桌上的举止

开始用餐时应注意，只有当主人示意开始时，客人方可开始；用餐的动作要文雅，夹菜时不要碰到邻座的客人，也不要把盘里的菜拨到桌上，更不能打翻盘碗。

大方得体的举止，可以使人显得有风度、有修养，给人以美好的印象。当然，礼貌举止不仅仅是这些，我们在这里只是介绍了常见的几种。在社交场合，每一个人都应该有意识地、恰当地运用这些礼貌举止，既不要过于谦卑，也不要过于傲慢。做到举止得当，礼貌周到，充分体现出你的教养和风度。这样，就会给人留下一个很好的印象，成为受大家欢迎的人。

打开豁达之门，有气度才有风度

豁达就是以善意去宽待有着各种缺点的人们。因其宽广而容纳了狭隘，因其宽广显得大度而感人。豁达是一种博大的胸怀、超然洒脱的态度，也是人类个性最高的境界之一。一个人只有豁达，学会忍让，避免偏见，才能接受别人，善于与他人相处，自己也会更容易为别人所接受。

唐高宗时期，有个吏部尚书叫裴行俭，家里有一匹皇帝赐的好马和很珍贵的马鞍。他有个部下私自将这匹马骑出去玩，结果马摔了一跤，摔坏了马鞍。这个部下非常害怕，因此连夜逃走了。裴行俭叫人把他叫回来，并没有因此责怪他。又有一次，裴行俭带兵去平都支援李遮匐，获得了许多有价值的珍宝，于是就宴请大家，并把这些有价值的珍宝拿出来给客人看。其中有个部下在抱着一个直径两尺，很漂亮的玛瑙盘出来给大家看的时候，一不小心摔了一跤，把盘子摔碎了。部下顿时害怕得不得了，伏在地上拼命叩头。裴行俭笑着说："你不是故意的。"并无处罚部下的意思。

在很多此类故事中，受损的一方并没有因自己的损失和难堪而大发雷霆、怀恨在心。相反，他们表现出宽宏大量、豁达开朗、毫不计较的美德和风度。结果，他们不仅没有受到更大的损失，反而在不知不觉中平息了纠纷，博得了别人的颂扬和支持。事实上，一个人只有豁达、开朗、宽容，才能接受别人，善于与他人相处。承认他人存在的意义和作用，才能被他人理解和接受，才能为集体所接纳，才能与别人互相沟通和交往，人际关系才会协调。

豁达是一种超脱，是自我精神的解放，人要是整天被名利缠得牢牢的，整天患得患失，为一些不知所谓的东西殚精竭虑，又怎么可能豁达呢？豁达就是要大气，要拿得起放得下。人肯定要有追求，可追求是一回事，结果是另一回事。结果往往是差强人意，不能十全十美。此时，我们不妨记住一句话：有成必有败，塞翁失马，焉知非福？人活得累，是心累，常念叨这几句话就会轻松得多：功名利禄四道墙，人人翻滚跑得忙；若是你能看得穿，一生快活不嫌长。”豁达是一种宽容。豁达之人恢宏大度，心无芥蒂；豁达之人肚大能容，有吐纳百川之量，任他人飞短流长，我自岿然不动。

豁达是一种气度，能驱散怨恨，豁达能带来仁义，博得赞美，创造轻松和谐的氛围。

美国前总统马辛利，因为一个用人问题，遭到议员们的强烈反对。在一次国会会议上，有位议员当面粗野地讥骂他。他极力忍耐，没有发作。等对方骂完了，他才用温和的口吻说道：“你现在怒气应该平和了吧，照理你是没有权利这样责问我的，但现在我仍然愿意详细地解释给你听。”他的这种豁达姿态，使那位议员羞红了脸，矛盾立即缓和下来。

试想，如果马辛利得理不让人，利用自己的职位优势，咄咄逼人进行反击的话，那对方是绝不会服气的。由此可见，当双方处于尖锐对抗的状态时，得理者的忍让态度，有“釜底抽薪”之妙，能使对立情绪“降温”。

当然，宽容和豁达的气度并不是消极退缩，其中蕴藏着智慧和力量。应该相信，事态会在忍耐中转变，会涌现出新的转机。

豁达是做人的美德，也是一种明智的处世原则，是人与人交往的“润滑剂”。常有一些所谓的厄运，只是因为对他人一时的狭隘和刻薄，而在自己前进的道路上自设的一块绊脚石而已；而一些所谓的幸运，也是因为无意中对他人一时的恩惠和帮助，而拓宽了自己的道路。

发怒是最容易的事，而忍气吞声也并不难。有豁达之气度之人，才能冷静地面对现实，动辄发火的人，其实是逃避现实的懦夫。

有一个叫爱地巴的人，每次和人争执的时候，就以很快的速度跑回家去，绕着自己的房子和土地跑三圈，然后坐在田边喘气。

“爱地巴为什么每次生气都绕着房子和土地跑三圈呢？”所有认识他的人，心里都充满疑惑，但是不管怎么问他，爱地巴都不愿意明说。

直到有一天，爱地巴很老了，他的房地也已经相当广大了，此时的他，如果生了气，就拄着拐杖艰难地绕着土地和房子转。等他好不容易走完三圈，太阳已经下山了，爱地巴独自坐在田边喘气。他的孙子在身边恳求他：“您已经这么大年纪了，这附近地区也没有其他人的土地比您的更广大，您不能再像从前那样，一生气就绕着土地跑了。还有，您可不可以告诉我您一生气就要绕着土地跑三圈的秘密呢？”爱地巴终于说出了隐藏在心里多年的秘密："年轻的时候，我一和人吵架，就绕着房地跑三圈，边跑边想自己的房子这么小，土地这么少，哪有时间去和别人生气呢？一想到这里，气就消了，把所有的时间都用来努力工作。"孙子问道："现在您年老了，又已经是富有的人了，为什么还要绕着房子和土地跑呢？"

爱地巴笑着说："我现在还是会生气，生气时绕着房子和土地跑三圈，边跑边想，自己的房子这么大，土地这么多，又何必和人计较呢？一想到这里，气就消了。"

在人生跑道上的长跑者，首先必须要有平和的心境，这样，步伐才能均匀，持续有力，才不会因为一时之怒而冲动，导致前功尽弃。豁达是一种心态，一种气度，一种美德。拥有豁达，就会在人际交往中包容他人，从而吸引他人，你的人脉圈子也就会越来越大。

有点幽默感，会减少距离感

如果你想在社交圈子里成为引人注目的“明星”，必不可缺的一项素质便是幽默。幽默的说话方式能够创造一种良好的氛围，这种氛围会让人感觉很轻松。幽默能给你的话语平添更多色彩，又能拉近双方之间的距离。

幽默也是需要一定技巧的，笨人玩不了，装也装不出来。谁都想幽默，可哗众取宠是不行的，那只会适得其反。况且，能让人笑还不是关键，问题是要把它用对地方，不能乱幽默。幽默要有亲和力，最好有深度，有内涵，反映的东西也要积极，不伤害人。还有就是要快速地幽默，不能过时再幽默，那将会失去幽默的本质。

幽默是一种道德的修养，体现了一定的风度和胸怀。这也是社会进步对人的高素质要求，是现代文明的体现。人们常常对具有绅士风度的人赞赏有佳，会不约而同地佩服他们，是因为这样的人散发着文明的气息，能给人以和平与安宁的安全感。

有一位老板，在公司管理方面有他自己的一套方法，使公司取得了非常好的业绩。但是，每当他的下属谈到他的时候，对他并没有什么特别好的评价，都是一些比较含糊其辞的话语：很好啊，待遇不低，每年还有分红，还有奖金。下属之所以会有这样的表现是因为，他这个人看起来非常严肃，没有幽默感，少有笑脸，很不容易亲近，很少与下属谈话，下属看到他时都非常害怕，不知道该和他说些什么，所以一般都是能躲则躲，不能躲的时候再想其他的办法。这位老板之所以不受下属的欢迎，是因为他缺乏必要的亲和力和一定的幽默感，而适当的幽默又能给人带来一定的亲和力，能够使自己更受别人的欢迎和喜爱。

试想，如果这个老板具有一定的幽默感，下属就会去亲近他，他也可以赢得下属们的尊敬和信任，可以获得下属的宽容和理解。要知道，幽默的老板是最具亲和力的，而亲和力本质上是一种爱的情感。

有一个名叫黛丝的业务员是一个性格开朗、谈吐幽默的职业女性。她说，幽默是一种亲和力的体现。“有很多时候，在我跟我的客户打交道时，即使生意谈成了，客户也不会觉得我是在和他们谈生意，而是觉得自己多交了一个朋友。幽默大概是一种性格吧，这与个人的修养等素质有关系。总而言之，我觉得待人要真诚，在真诚的态度下，用幽默的方式处理事情，很多东西就会事半功倍。”

幽默，像河上的桥梁一样，让人在通过这座桥的时候，不用通过那茂密危险的森林，拉近了人与人之间的距离，弥补了人与人之间的鸿沟。依靠幽默的力量，能够润滑人际关系，减轻人生的压力，化解生活和工作中的难题。

1996年美国总统大选，共和党的杜尔对民主党的克林顿。杜尔为资深参议员，长期担任参议院议长。选战正炽时，民意调查表明他处于明显劣势。杜尔决心破釜沉舟，辞去议长职务，背水一战。但形势太不利了，几经努力，杜尔仍然无法挽回劣势的局面。选举结果揭晓后，落选的杜尔在他的竞选总部门口对记者说：“今天是我生平第一次感到无事可做。”这种坦率的自嘲使在场的记者们都开怀大笑，看实况广播的电视观众们也都发出了会心的微笑。适时应景的幽默使得一向严肃的杜尔增加了几分亲和力，让他与民众们拉近了距离。

幽默是一种智慧，而智慧原本就是充满魅力的。幽默也是一种气质，它展现着健康心理的风姿，凝聚着亲和力的魅力。

幽默是一种聪明智慧的体现，是一个永远都用不完的智慧锦囊。生活离不开幽默，幽默是为了更好地生活。有幽默的地方总是充满着无穷魅力，它似春暖花开，使人们的心情豁然开朗，使人们从悲欢离合的气氛中一笑而过。幽默能让敌对两方消除彼此之间的隔膜，建立起友好默契的情感。它虽不似人们的衣食住行般重要，但在特殊的程度和环境中，幽默就是生活的调剂品。它可以让人在本来不属于自己的气氛中，很快地融合进去，使自己保持轻松愉快的心情，让平凡的生活充满欢笑和幸福。幽默具有极大的包容量和亲和力，不仅可以使人轻松摆脱尴尬，更可以树立自己的形象，增加自己的人格魅力和人际吸引力。

告别心理障碍，从“心”喜欢社交

良好的社会交往可以减少孤独、寂寞、空虚、恐惧、痛苦，可以宣泄愤怒及压抑。因此，社会交往对于心理健康具有重要意义。有些人在社会交往中不敢交往、不愿交往、不能交往，这就属于社交心理障碍。常见的社会交往心理障碍有：

- 恐惧心理。表现为与人交往时，尤其是在大众场合下，会不由自主地感到紧张、害怕，以致手足无措、语无伦次，严重的甚至害怕见人，常称之为社交恐惧症、人际恐怖症。其中有些人主要表现为对异性的恐惧，称为异性恐惧症。

- 自卑心理。表现为在社会交往中为，想象成功的体验少，想象失败的体验多，缺乏自信，总认为自己什么都不行，缺乏交往的勇气和信心。

- 孤僻心理。一般表现为两种情况，一是孤芳自赏，自命清高，不愿与人为伍；另一种是属于有某种特殊的怪癖，使别人无法接纳，从而影响了正常的社会交往。

- 害羞心理。表现为在社会交往中过多地约束自己的言行，以致无法充分地表达自己的思想感情，阻碍了人际关系的正常发展。

- 封闭心理。表现为把自己的真实思想、情感掩饰起来，试图与人保持相当的距离。

- 自傲心理。表现为不切实际地高估自己，在他人面前盛气凌人，自以为是，常使交往对方感到难堪、紧张、窘迫，从而使交往变得困难，尤其表现在两代人的关系上。

上述的社会交往心理障碍对社会交往所造成的影响有：不敢或不能与人交往；交往变得困难；交往给人带来的是不愉快、压抑等消极的情感体验。造成社会交往心理障碍的原因是多方面的。包括：以往生活中的挫折；受错误的思想观念影响；个性缺陷，严重的表现为人格障碍；缺乏社会交往的经验，尤其是成功的经验等。

由此可见，社交恐惧症是在多年的日常生活、工作、学习中形成的，因此就需要在长期的日常生活、工作、学习中，逐渐培养对外界的适应能力，有意识地多接触周围的人和事。尽管起初会不太习惯，有时会出现失态的情景，会害怕和难为情，可应该明白，任何人不是天生就具有那种良好的社交心理和手段的。人需要在后天的社交活动中有意识地培养，才能变得自如起来。

防治社交恐惧症，要从心理上去掉在社交中的自卑感。若带着消极的心理，常常会使自己不愿多说话、不愿多活动。其实，每个人都有自己的长处和短处，在社交上不如别人，并不是什么都不如别人，要多想一想自己的长处。不习惯社交的人，尤其要去掉自卑感，树立一种自强、自信、自立的自我精神，只有这样，在心理上才能战胜消极，在待人接物中，变得主动、显得落落大方。

防治社交恐惧症，还要在心理上去掉“怕”字。正常的社交活动，并不带什么神秘色彩，只不过是社会间人与人的交往与应酬。因此，过分注意自己社交中的言谈举止是多余的，随和、大方、自然就可以了，平时怎么说、怎么做，社交中也是如此，时间长了，社交就习惯了。

对社交有恐惧心理的人，首先要正确认识自身，敢于暴露自己的缺点和不足。尤其是内向者，不妨把你不愿为人所知的事说出来，正面面对它。我们发现有的小品演员个子矮，可偏偏暴露自己的矮，专找高个女士做搭档，跳起来与高个对话，这样的表演就活了。结果，在观众的眼里，矮不是他们的缺点，反而成了其特色。

每个人都有自己的特点。一个人拥有优势的种类和数量并不重要，最重要的是每个人可以将自己的生活、工作和爱情发展都建立在自己的特点之上，善于变废为宝，化不足为动力。

现代社会主张个性独立，人际交往也日益复杂。如果说在一些场合或和某些人的临时性的交往需要一些表面的客套、应酬，那么，建立和发展深入持久的人际交往，最重要的是坦诚相见、表达真实的自我。

有一个位居美国营销行业前列的推销员，多年前，当他还不熟悉这行工作时，有一次，他很幸运地见到了美国的汽车大王。结果，他真是胆怯得很，手足无措，情不自禁之下，他只好老实地说出来了：“很惭愧，我刚看见您时，我害怕得连话也说不出来。”结果，这样的坦白不仅祛除了他的恐惧感，还让汽车大王“会心一笑”，觉得他很真诚。

“水至清则无鱼，人至察则无徒”，人们并不喜欢那些假扮的圣人。当然，如果自己身上存在着明显的缺点，也不要害怕，不要去故意隐藏这些缺点，应该努力克服，请别人提意见帮你改正。内向者更应该晒到阳光下，学会在人际交往中不断审视、认识自己和他人，不断领悟人生，这是人际交往的内涵之所在。

人际交往是我们社会生活的主要内容之一，自我的发展、心理的调适、信息的沟通、各种不同层次需求的满足、人际关系的协调，都离不开良好的人际交往，所以，正视自己，克服社交心理恐惧相当重要。把自己放到人流中去，奉献自己的一份力量，尽自己的一点责任，不要再为自己的一点小事而耿耿于怀，为自己松绑，也为人生添彩。相信放下了负担，抛弃社交恐惧心理，就会从心里开始喜欢社交，毕竟，人人都是需要有朋友的。一步一步克服社交障碍，你也可以成为社交达人。

第二章

3公尺外辨出小人君子：
瞬间识人术，摸清脾气再下猛药

在这个快节奏的社会，社交活动也变得快餐化。随着交际网络的扩张，人们不会再像以前那样跟邻居跟同事一相处就是一辈子，有足够的时间去了解对方的性格和为人。当今，一个眼神的流露也许意味着一次并购的成功，一个微笑也许就能促成一个亿元的订单。伟大的成功者总是善于在几分钟之内捕捉成功的机会，因为，从人的面相、兴趣爱好到无意识的动作，都在透露对方内心的真实想法。怎样在3分钟内3公尺外辨出小人君子，本章将向你一一道来。

3FENZHONG
GAODING
DUIFANG

识人能力决定人生得失

“人”，很好写的一个字；识人，则是人生大课堂上最难懂的一门课。也许有人会问：能力强、会做事还不够？为什么识人如此重要？

在人与人互动越来越频繁，人心却越来越难辨真假的时代，不管是新交还是或旧识，每天都要不断跟人交手、相处。因为识人能力会决定人生的得失，事实上，会不会“识人”，才是能否“成事”的关键。

即便是眼光精准如奇异的GE集团前总裁杰克 · 威尔逊，把六七成时间都花费在“人”身上，他坦承自己还是有25%的机率会看走眼、用错人。

因此说，具有识人的本领，就意味着你可以在瞬息之间，看透周围发生的人与事，刺探一个人的真伪，洞察其内心深处潜藏的玄机，能以不变应万变。顺利地窥探出情绪变化的温差，辨别出气色蕴藏的内涵，能使你在人生的旅途上左右逢源，移步生莲。具有这样的本领，就可以掌握他人的长短优劣，辨人于弹指之间，察其心而制其人；观人于咫尺之内，识其言而审其本，潇洒地辗转于生活的竞技场中，把人生的“发球权”牢牢地掌握在自己的手中。

社交场如丛林，在其中生存，更要懂得察言观色，才不至于踩到别人的痛处而不自知，甚至得罪小人、招来是非。那么，如何不必“阅人无数”，也能“阅人有术”？又如何透过各种线索判断对方的为人，在最短时间内找出最佳的应对之道呢？

● 对死板的人，唤起他的兴趣。

这种类型的人，就算你很客气地和他打招呼，寒暄，他也不会表现出你所期望的反应来。他通常不会注意你在说些什么，甚至你会怀疑他听进去没有。与这种人进行交往，刚开始时多多少少会感觉不安。

遇到这种人，你就要花些工夫，仔细观察，注意他的一举一动，从他的言行中寻找出他真正关心的事来。你可能随便和他闲聊，只要能够使他产生一些反应，那么事情也就好办了。接下去，你要好好利用这个话题，让他充分表达自己的意见。

每个人都会有他感兴趣的、关心的事，只要你稍一触及，他就会滔滔不绝地说出来，此乃人之常情，因此你必须好好掌握并利用这种人的性格和心理。

● 对傲慢无礼的人，尽量少说。

有些人自视甚高，目中无人，时常表现出一副“唯我独尊”的样子。这种举止无礼，态度傲慢的人，实在叫人看了生气，是最不受欢迎的典型。但是，当你不得不和他接触时，你该如何对待他呢？

对付这一类的人，说话应该简洁有力才行，最好少跟他啰嗦，所谓“多说无益”。

● 对沉默寡言的人，直奔主题。

与不爱开口的人交涉事情是十分吃力的事，因为对方过于沉默，你没办法了解他的想法，更无从得知他对你是否有好感。

对于这种人，你最好采取直截了当的方式，让他明白表示“是”或“不是”，“行”或“不行”，尽量避免迂回式的谈话。

● 对深藏不露的人，多用心思。

在我们周围，有很多深藏不露的人，他们不肯轻易让人了解他的心思，有时甚至说话不着边际，一谈到正题就“顾左右而言他”。

当你遇到这么一个深藏不露的人时，你只有把事先准备好的资料拿给他看，让他根据你所提供的资料作出最后的决断。

人们多半不愿将自己的弱点暴露出来，即使在你要求他说出答案或提出判断时，他也故意装不懂或言不及义地闪烁其辞，使你对他有一种“高深莫测”的感觉，其实这只是对方伪装自己的手段罢了。

● 对草率决断的人，步步为营。

这种类型的人，乍看好像反应很快，他常常在交涉进行到关键时，忽然作出决断，给人“迅雷不及掩耳”的感觉。由于这种人多半是由于性子太急了，因此，有时候为了表现自己的“果断”，决定就会显得随便而草率。

由于“反应”太快，这样的人每每会对事物产生错觉或误解，其特征是，没有耐心听完别人的谈话，往往“断章取义”，自以为是地下决断。这样做，虽使交涉进行较快，但草率作出的决定，多半会留下后遗症，招致意料不到的枝节发生。

从事交涉，倘若遇到这种人，最好把话题分成若干段，说完一段之后，马上征求他的意见，达成共识了再继续进行下去，这样才不至于发生错误，也可避免不必要的麻烦。

● 对过分糊涂的人，尽量躲避。

这种人，往往是一开始就没弄懂你的意思，你就是与他长时间交涉下去，也是枉然。

经常犯错误的人一般来说有两种：一种是从来不知反省；另一种则是理解能力太差，完全没听懂别人的谈话。对于这种人，你还是少和他接触为妙，另外寻找出路吧。

● 对顽固不化的人，适可而止。

顽固不化的人是难应付的，因为无论你说什么，他都听不进去，只知坚持己见，死硬到底。跟这种顽固分子交手，是最累人且又浪费时间的，结果往往徒劳无功。因此，在你与他交涉的时候，千万要注意“适可而止”，否则，谈得愈多、愈久，心里愈不痛快。

对付这种人，你不妨及时抱定早散早脱身的想法，随便敷衍他几句，不必耗时费力，自讨没趣。

● 对行动迟缓的人，拿出耐心。

对于行动比较缓慢的人，交涉时最需要耐心。与人交涉时，也经常会碰到这种人。此时，你绝对不能着急，因为他的步调总是无法跟上你的进度，换句话说，他是很难达到你的预定计划的。所以，你最好耐着性子，拿出耐心，尽可能地配合他去做。

此外应该注意的是：有些人的言行并不一致，他可能处事明快，果断，只是行动不相符合罢了。

● 对自私自利的人，投其所好。

世上自私自利的人为数不少，无论你走到哪儿，总会遇到几个。这种人的心里只有自己，凡事都将自己的利益摆在前头，要他做些于已无利的事，他是断然不会考虑的。

但是，当我们不得不与其接触时，也不能将内心的想法完全表达出来，明智的做法是，暂时抑制自己的厌恶之情，姑且顺水推舟，投其所好。当他发现自己所强调的利益被肯定时，自然就会表示满意。如此，交涉就会很快获得成功。

● 对毫无表情的人，仔细观察。

人的心态和感情，常常会通过脸部的表情显现出来，在交涉的时候，往往可做判断情况的依据。然而，有些人却是毫无表情可言的，也就是说他们喜怒不形于色。这种人如果不是深沉，就是呆板。当你与这种人进行交涉时，最好的方法就是特别注意他的眼睛和下巴。

有时候，适度的紧张和放松，也可以在交涉中形成一种理想的气氛。当你明白对方的反应是受自己的应对态度所影响，进而影响到交涉结果时，就不得不特别注意，研究一下自己的言行举止了，特别是碰到脸上毫无表情的人时，就更应该注意了。

眼睛与眼神，性格的风向标

眼睛为“灵魂之窗”，要想了解一个人的内涵与修养，看他的眼睛就略知一二。从眼部可以看出一个人的智慧、善恶、忠奸、诚伪。那么说，怎么从人的眼中看出他的性格呢？一要看眼睛的形状，二要看眼神。

先从眼睛的形状来看一个人大概的性格。

双眼皮：个性比较开朗热诚，感情丰富，对别人一些贴心的举动或嘘寒问暖，尤其是来自异性的，就非常容易受感动，因而往往抵抗不了异性的诱惑。

单眼皮：单眼皮的人个性比较冷静沉着，对感情的表达方式含蓄内敛，即使眼前站的就是平日欣赏或喜欢的人，也会尽可能保持镇定，不露痕迹。虽然为人积极，但表现却让人感到冷漠而热情不足。

单眼皮的人，通常耐力较强，比较能够承受压力，可以成为组织的主管人才。

内双眼皮：感性与理智平衡，既不会过度热情，也不会过度冷漠。这样的人善解人意，能适时表达情感，不会忸忸怩怩，也不会过于大胆热情，因此一般不会发生“表错情”或“会错意”的情形。

大眼睛：眼睛偏大的人，通常个性比较大胆直爽，对于许多事都感到很好奇。这样的人容易相信别人，自信心强。

如果眼大且是双眼皮，人际关系通常不错，但有些多愁善感，较为天真没心机；如果加上眼睛水汪汪的，如电眼般，则是个“多情种子”，可能会有很多的风流韵事。

小眼睛：眼睛偏小的人，通常胆子就小，因为他们个性比较保守谨慎，除非是有把握的事，否则不轻易行动。对人对事都富有警戒心，不容易相信别人，所以让人感觉个性多猜疑、精明且冷淡。不过，眼小的人，在感情上较为专一，不容易变心，但却容易钻牛角尖。

轻眼：细长且大的眼睛，性情忽冷忽热，直觉且敏锐，情绪变化明显，是个心性宽大明朗的博爱主义者。

三角眼：眼尾稍微上扬，给人一种阴险诡诈的感觉。事实上，有这种眼睛的人，气短且占有欲强烈。当他爱上一个人时，会掏心挖肺地奉献。没有耐性，很容易立即表达感情。

垂眼：这种小眼睛又可分前上扬及后上扬。眼睛比眼尾上扬的垂眼人，胆小、缺乏果断力。

三白眼：这种眼睛的人，属于野心家，直觉敏锐。但是，很难以诚心交友，善恶观念全凭自己的利益而定。有危险性，若与之以兄弟好友相称时，要谨慎。

猿眼：从整体上看来，眼睛圆溜溜，除了有上双眼皮外，下也成双眼皮，有这样眼睛的人，头脑转得快，主意点子多，能靠自己的实力一展长才。

当然，根据人的眼睛形状来判断一个人的性格，就像根据星座和血型来判断所有人的性格一样，难免会犯类型化的错误。因此，还要注意观察人的眼神。眼睛的形状是天生的，但人的眼神纯粹是后天形成的，是他内心的反映。所以，眼能传神，能表现人的心理内容的说法，是非常有道理的。

对于眼神的作用，早在春秋战国时期，孟子就曾作过精辟的阐述，说明眼睛是判断人心善恶的基准。他说："存乎人者，莫良于眸子。眸子不能掩其恶：胸中正，则眸子了焉；胸中不正，则眸子眊焉。"

另外，眼睛的清浊如何，也折射出人的心理活动特征。经常表现为睡眼惺忪的人，看起来就是一副傻相；而表现为眼睛雪亮，目光炯炯的人，自然显得聪明伶俐。

再者，透过人的视线，更能窥探出人的内心活动。人们在社会生活中，如果内心有什么欲望或情感，必然会表露于视线上。因此，如何透过视线的活动了解他人的心态，对人与人之间在交往中的心理沟通，具有重要意义。

可以说，视线的交流是沟通的前奏。

一个人的视线可以从不同的角度和观点来了解。

其一，对方是否在看着自己，这是关键。

其二，对方的视线是如何活动的。对方直盯着自己，或视线一接触马上撇开，其心理状态是迥然不同的。

其三，视线的方向如何，也就是观察对方是否以正眼瞧着自己，或以斜眼瞪着自己。

其四，视线的位置如何，这是观察对方究竟是由上往下看，还是由下往上看等。

其五，视线的集中程度。这是指观察对方是专心致志在看着自己，还是视线飘忽，不知究竟是在看什么地方等。这些表现所代表的意义是各不相同的。

对方是否在看着自己，也就是有无视线接触，能说明对方是否对自己有好感或兴趣等。如果对方完全不看自己，便是对自己不感兴趣或无亲近感。相反，当我们在路上行走时，发现陌生人一直盯着我们，必定会感到不安，甚至会觉得害怕。

另外，不相识的人，从彼此视线偶尔相交的时候，便会立刻撇开。这是由于人们觉得，一个人被别人看久了，会觉得被看穿内心或被侵犯隐私权。当我们在等公共汽车或站在影剧院卖票口排队买票时，多为背向后面的人，这种表现为人们所司空见惯。这样做，不仅是为了往前进，也是为了避免同不相识的人视线相交。但也有面对面者，这些人多为朋友、夫妻、亲人、恋人等。这些人会彼此默许自己的隐私权受到某种程度的侵犯，因此，他们偶尔会视线交错，便于相互言谈，心理沟通。综上所述，相识者彼此视线相交之际，即表示为有意进行心理沟通。

但若是这种情况发生在女人之间时，则具有不同的意义。因为，当女人不愿意把自己的内心体验传递给对方时，多半会产生凝视对方的行为。

在交往活动中，眼睛位置移动情况的不同，其心态也大不相同。譬如，当上级与下级讨论工作时，上级的视线肯定会由高处发出，而且会很自然地直接投射下来。反之，作为下级，虽然并未做任何错事，但视线却常常由下而上，而且往往显得软弱无力。这是由于职位高的人，总是希望对下级保持其威严的心理作用。但也有例外，这与职位高低无关，而是性格原因。一般来说，在交往时，性格内向的人容易移开视线。

在一般的社会交往中，可以由下面几种情况来判断人大概的性格。

- 一直盯着对方的女性，心中可能有隐情；
- 在言谈中，注视对方，表示让对方对自己所谈的内容注意；
- 初次见面时，先移开视线者，表示希望处于优势地位者；
- 被对方注视时，便立刻移开视线者，大都有自卑感或缺陷；
- 看异性一眼后，随即故意移开视线者，表示有着强烈的兴趣；

- 斜眼看对方者，表示对对方非常有兴趣，但又不想让对方识破；
- 翻眼看人者，表示对对方存有尊敬与信赖；
- 俯视对方者，想显示对对方的一种威严；
- 视线不集中在对方，很快移开视线者，大都为性格内向者。

眼睛和眼神是人的心灵之窗，只有当两个人彼此眼神相交时，才算是真正开始沟通和交流。在我们和陌生人交谈时，要善于运用眼神来表达内心的感情，同时也要会从对方的眼神中读出他的性格。只要善于观察“心灵的窗户”，你一定会有新的发现。

坐立行，每种姿势都在传递暗号

如果说人的五官是静态地展示自身，那么坐立行的姿势就是动态地表现一个人的性格。不同体态的人，坐姿也不尽相同。先来看看一个人的坐姿跟性格的关系吧。

● 坐得“张扬”。有很多男人在坐着的时候，会很自然地两腿张开。从某种角度来说，一个不分场合、总喜欢张开两腿坐着的男人，很可能是从小被娇宠惯了。自以为比他人优越、自高自大的性格，迟早会给他带来麻烦。

● 坐得懒散。有一些人坐稳后两腿张开、姿态懒散。这类人属于豪言壮语型，头脑中想的事情经常是被夸大了的。他们平常都是笑容可掬，最喜欢和人接触，而他们的人缘也确实颇佳。他们不太在意别人对他们的批评，这也是很难得的。从这方面来说，他们适合做社会活动家之类的工作，不适合做一些实际性质的劳动。

● 坐时双腿并拢、双手交叉于大腿两侧。有些人坐着的时候双腿并拢，双手交叉于大腿两侧。这类人通常比较古板，性情自我、固执，不愿轻易接受别人的意见，即便知道别人说的是对的，也愿意固执地坚持自己的观点，不肯低下自己的脑袋。古板型坐姿的人，都有完美主义倾向，凡事都想做得尽善尽美，因此做的都是一些对他们而言可望而不可即的事情。他们爱夸夸其谈，而缺乏求实的精神，做事缺乏耐心，哪怕只是短短十分钟的会议，他们也会显得极度厌烦。

俗话说，坐有坐相，站有站相，那么，站立的姿势跟人的性格又有怎样的关系呢？

美国夏威夷大学一位心理学家指出，不同的“站姿”往往可以显示出一个人的性格特征。因为每个人都有自己的生活习惯、起居饮食、言谈举止、厌恶爱好以及意识倾向，也正是这些方面决定了一个人的特征，也从这些特征中显示出一个人的性格，当然，站立的姿势也不例外，也可以看出一个人的性格特征。

一个普通的站立姿势应该是抬头正首，双目平视前方，嘴唇微闭，面带微笑，自然平和；双肩放松，稍往下压，使人体有向上的感觉；躯干挺直，身体重心应在两腿的中央，做到挺胸、收腹、立腰；双臂自然下垂于身体两侧，或放在身体前后；双腿直立，保持身体的端正。一般人都有自己的习惯站立姿势，也正是因为这样，才能说站姿能反应一个人的性格。

● 习惯把双手叉入裤袋。这种人不是一般的装酷，而是一种警觉性的体现。这类人城府比较深，性格偏内向、保守，不善言语，不轻易向人表露内心的情绪。若同时还有弯腰的动作，则表明是心情沮丧或苦恼。

● 一只手插入裤袋，而另一只手放在身旁。这类人性格复杂多变，情绪不稳定，对待朋友依自己的性情而定，有时会推杯换盏，倾腹交谈，有时却冷若冰霜，让人难以接近。况且自我保护意识很强，给自己装了一道“防护网”，所以这类人的人缘并不是很好。

● 双目平视站立。这是一种标准的站立姿势，说明此人非常有自信，性格比较开朗，给人一种“气宇轩昂”的感觉。如果再配合背脊挺直、胸部挺起的动作，则说明此人对自己的生活充满向往，是属于乐天派的一类人。

● 弯腰曲背、略现佝偻状站立。这类人的性格如其站立姿势一样，属于比较封闭、保守甚至有点自闭的类型，他们的自我防卫意识非常强，经常有惶恐不安或自我抑制的心情，他们对生活提不起任何兴趣，精神上也很消沉。

● 双手叠于胸前。站立时有这种举动的人，性格极坚强。对他们来说，几乎就没有迈不过去的坎，即便遭受很大打击，也能迅速振作起来。他们对于陌生人，自我保护的意识比较强，会不时与非常熟的朋友保持距离，经常给人一种难以接近的印象。他们也过分重视自己的利益，往往因此而伤害到集体的利益，因此集体感不强。总的来说，这类人一般不太好接近。如果他们在谈话时身体微微往一边倾斜，则表明他不喜欢你，你最好赶紧找个理由离开。

看完了坐姿和站姿，再来看看走姿。从“走姿”观察人，世界各国古已有之。观察一个人怎样走路，并从走姿中透视其内心，你肯定会觉得妙趣横生。

● 步伐急促的人。这类人是典型的行动主义者，大多精力充沛、精明能干，敢于面对现实生活中的各种挑战，适应能力特别强，尤其是凡事讲求效率，从不拖泥带水等。

● 步伐平缓的人。这类人走路时总是一副慢腾腾的样子，别人无论说得如何急他都不在乎似的，这是典型的现实主义派。他们凡事讲求稳重，“三思而后行”，绝不好高骛远。如果他们在事业上得到提拔和重视的话，也许并不是他们有什么“后台”，而是他们那种务实的精神给自己创造的条件。

● 身体前倾的人。有的男人走路时习惯于身体向前倾斜，甚至看上去像猫着腰。这类人的性格大多较温柔和内向，见到漂亮的女性时多半要脸红，但他们为人谦虚，一般都有良好的自身修养。他们从不花言巧语，非常珍惜自己的友谊和感情，只是平常不苟言笑。较之其他类型的人来说，他们总是受害最多，而且不愿向人倾诉，一个人生闷气。

● 军事步伐的人。走路如同上军操，步伐齐整，双手有规则地摆动。这种男人意志力较强，对自己的信念非常专注，他们选定的目标一般不会因外在的环境和事物的变化而受影响。

这类人如果能充分发挥自己的长处，一定收效颇丰，因为他们对事业的执著是其他类型的人不可比拟的。但如果你的上司是这种人的话，日子可就不好受了，很多时候你会“吃不了兜着走”，因为他们一般都比较“独裁”，而且有时候甚至会不惜牺牲任何代价去达到他个人的理想和目标。

● 踱方步的人。迈着这种步态的人是非常稳重的，他们认为，面对任何困难事情时，最重要的是保持清醒的头脑，不希望被任何带有感情色彩的东西左右了自己的判断力和分析力。他们对自己的身体形态进行严格控制，虽然别人敬畏他们，可在一人独处时却感到压抑。因为这种人涉世极深，了解人情冷暖。

如果说人的内心是“内容”，那他的整个外在表现，包括五官、言语和坐立行的姿势等等就是“形式”。通过这些外在的“形式”，可以判断出真正的“内容”。对一个人有了全方位的观察之后，还怕不够了解对方的性格吗？

色彩与色调中的性格密码

人类的心理与色彩和色调之间，有着十分密切的关系。因此，一个人对色彩和色调的选择，可以成为我们分析这个人的资料。

心理学家们认为，红色是追求行动的心情的表现，活泼而精力充沛，是性格好动的人喜欢的颜色。喜欢红色的人个性鲜明，充满生机、活力，好胜心强，爱引人注目，会努力朝着成功的目标而奋斗，渴望过多姿多彩的生活。同时，红色也包括追求强烈的刺激，以及在爱情方面强烈的欲望。

喜欢黄色的人性格明朗清爽，天真无邪，善于交际。对生活很乐观，永远都向前看，喜欢新鲜的东西，会纯粹是为了“变变花样”而试图改变自己的生活。此外，黄色也是撒娇心理的表现，在希望依赖他人，博得他人欢心等方面的欲求比较强烈。据悉，喜穿黄色衣服的人，大多是家里的老小。

喜欢绿色的人意志坚定，不易动摇或改变，偏重于理性，自视甚高。他坚信自己的想法正确，并要求他人接受。他很想吸引别人对他的注意，对自己表示认同。

喜欢蓝色的人很需要感情上的安稳，也需要和平、和谐以及满足的生活。他接受不了充满斗争及冲突的人际关系，深信应以平静的心境来对待生命。很渴望别人信任自己，也比较容易信任别人。

喜欢紫色的人多愁善感、爱幻想，渴望罗曼蒂克，渴望奇遇，是心理上和感情上比较不成熟的人。

喜欢黑色的人性格很极端，几乎对所有的事情都非常不满，认为样样事情都不合理。不愿意让别人知道自己的心思，也听不进别人的意见。属于矫揉造作，好摆样子的性格。

喜欢灰色的人比较好以自我为中心，对周围的人与事都不关心，也不投入，希望自己完全不受外界的影响。此外，灰色也是压抑本身情感的标志。

一般来说，爱使用原色的人属于自我主张强烈的个性，而爱使用混合色的人属于妥协性的个性。

颜色的嗜好也显示出其人对异性的态度和日常生活的形态。换句话说，对于色彩的喜恶，可以反映出一个人心中潜藏的愿望。这里有八种颜色：绿色、茶色、蓝色、紫色、红色、橘色、白色、黄色。从一个人选择了哪种颜色，便可看出其大概的性格。但是有一点必须注意，不要与喜好的服装颜色相混，可以请身边的朋友直接选出感觉深刻的色彩作答。

● 选择绿色的人。绿色是“红”与“蓝”的中间色，挑选绿色的人在性格上也居于两者之间。既有行动力，同时又能沉静思考，拥有截然不同的两种特质。也就是兼具优雅与理性，喜好寂寞又谨慎保守。行事不会逾越本分，非常明白自我的立场。由于性情冷静，无论面对任何事都能冷静处理，而且绝不感情用事，所以深受别人的信赖。对于别人的请求或委托，总是欣然接受。

● 选择茶色的人。茶色是深沉而朴素的颜色。喜欢这个颜色的人，服装嗜好也偏爱不华丽但富有韵味的款式。正因为这种倾向，使得这类人很在乎事物内层的精神性表现，所以很能了解人世间的寂寥、孤寂。虽然你的存在并非引人注目，但是内在却具有良好的潜质。由于诚实又富有责任感，很容易被别人接纳。但是，有时太过于孜孜不倦，而显得有些不知变通。此外，对于容易明白的事情，偶尔会用力过度，做无谓的深刻思考。

● 选择蓝色的人。蓝色是天空和海洋的颜色，和红色所具有的形象恰恰相反，它象征冷静和浪漫。一看到蓝色，心情就安定沉静，同时提高想象力。喜好蓝色的女性，多具有女性善良和丰富的感受力。神经纤细，容易感伤，对人也十分敏感。一个人独处时，常无法忍受那种孤寂。经常渴求恋爱的对象，而且也希望为温暖的爱所包围，是与其爱人而宁愿被爱的典型。个性朴实，容易得到他人的好感。

● 选择紫色的人。紫色是红和蓝两个性格极端的颜色混合而成，因此，这个颜色充满着神秘的不可理解的复杂情调。喜欢这个颜色的人，可以说是艺术家类型的人，内心强烈渴求世人肯定你的才能，有时显得太过虚荣，装饰过度。面对知心朋友，不妨坦率以待，但是由于平时内向又性情不定，所以旁人很难理解其真正的想法。此外，有时也会大发雷霆，但决不至于歇斯底里。

● 选择红色的人。红色是代表精心和行动的颜色，而红色的食物或饮料也通常具有提神醒脑的功能。喜欢红色的人，个性积极，充满斗志，而且意志坚强不轻易屈服，凡事依照自己的计划行事，一旦无法实现便觉得不顺心。如果完全不依原先所预期，会有猛烈反弹的举动。尽管如此，碰到多少困难，都不能轻易打倒这个精力充沛的人。

● 选择橘色的人。橘色是不太讨人喜欢的颜色，特别是不受女性欢迎。可是，喜欢橘色的人却具有出众的社交性格，可以与任何人融洽相处。这种人最适合从事推销员、空中小姐、旅馆服务员的工作。经常笑脸迎人、先向人打招呼问好。喜欢与人相处，不喜欢独处。喜欢上别人时，通常以朋友的身份爱慕对方，而不会以大胆热情示人。另外，这种人非常喜欢新鲜事物或是稀奇古怪的东西，对生活拥有永不熄灭的情趣。

● 选择白色的人。白色象征单纯，代表理想。偏爱白色的人大多不会将自己的感情清楚地流露在外。看待事物不会单取外表的光辉璀璨，会进一步探索其内在的本质。这类人的存在绝不是光芒万丈，因为你本身便不爱好表现，其实你拥有不少突出的优点。你的个性实在，做事努力认真，责任感强，所以深受他人信赖，常有人请教你各种事情。

● 选择黄色的人。与金属相结合的黄色，是理论性思考事情的“理智之色”。看到黄色，便容易提高自制力和注意力。喜好黄色的人，大多属于理论家类型。虽然才能出众，却容易恃才傲物。由于自尊心强，又对自己的能力极具信心，因此，经常希望得到别人的肯定和赞赏。尽管如此，有时又能温顺服从，表现出合作的个性，由此而言，毫无疑问，爱好黄色的人是一位真正的生命力强的人。

色彩和色调就像性格的解码器，不妨跟不相熟的朋友来做个色彩的小测试，这也可从侧面促进大家的相互了解。

兴趣爱好识人心

生活中的每个人都有一些自己的兴趣爱好，只不过有些时候，由于工作或学习太忙了，忙得没有一点时间来做自己喜欢的事情，所以渐渐地把它忽略了。兴趣爱好不同于一般的工作和学习，工作和学习在很多时候都具有一定的目的性，为了某一目的而做，甚至是做也得做，不做也得做，这就显得非常被动。可是兴趣爱好不一样，兴趣爱好完全是自己喜欢、感兴趣的，做它是为了愉悦自己。有什么样的兴趣爱好，这往往要根据一个人的性格而定。所以，通过它来观察一个人实在是再好不过的了。

在社交场合，以酒为应酬的方式最为常见。通常，由饮酒可以了解对方的性格，或作为掌握理解对方心态的参考。根据美国心理学家的研究，喜好狂饮者通常具有改变自我的愿望。这些人之所以豪饮，是为了使自己的性格改变为自己理想中的模式。换言之，不停地喝酒直到觉得变成自己满意的性格为止。因此，不是因好酒而饮酒，乃是渴望改变的心理在作祟。

具有这种饮酒心理的人，如果发现能够使自己的心理获得最大满足的酒，则会偏爱该种酒。其实，这并非是酒在口感上的差别，而多半是受心理的影响。特别喜好某种酒的人，性格上常异于一般人，具有特殊的愿望或欲求。

虽然酒的品种和性格的关系尚无充分的调查或研究，却可以做以下的概要分析。

有些人偏爱烈性酒，如果餐桌上没有白酒则索然无味，喜爱白酒者一般善于社交且乐善好施。也有好好先生的一面，极在意对方的感受，喜欢受吹捧，受人所托时无法拒绝。对女性尤其亲切，即使失败也不在意。在公司或职场中，由于关照部属而深受部属们的爱戴，却很难获得上司的认可。在混乱的局面中，会发挥卓越的能力。

爱喝掺混啤酒的人，比较容易被新事物新情境所吸引，喜欢艺术，容易与人相处。但性格多变，难以把握自己。喝啤酒需要配点菜肴的人，是位感官主义者，希望自己的伴侣外型能吸引人，从好的角度来看，是个遵守传统的人，从不好的角度来看，是比较注重个人利益的人。喝啤酒时喜欢聊天的人，生活一般不拘小节，待人较诚实，但又喜欢打听、收集周围的琐碎小事。偏爱大啤酒杯的人，喜欢掌握全局，善于自我保护，努力为自己争取最大的利益，但又值得依赖。直接用啤酒瓶喝酒的人，具有一定的冲劲，不愿受拘束，反应较灵敏，且直率、坦城，但也往往因为爱直言而在不知不觉中得罪甚至伤害别人。

在当今这个讲究生活质量的年代，在酒桌上相见已不是人们最热心的社交方式了，而一些有益身心健康的体育锻炼则成了联系人脉的手段。锻炼身体最好的办法便是运动。运动对于人而言是一种必需，不同的人会热衷不同的运动方式，这也是人性格方面的外露。

喜爱篮球的人，经常对自己抱有较高的期望，希望自己能够比别人出色，能站到别人前面去。为了达到这样的目标，他们可以作出很大的努力和牺牲。这其中可能避免不了要遭遇失败，但他们受挫以后大多不会被击倒，相反，他们的心理素质弹性比较好，能够重新站起来再接再厉。

喜爱排球的人在做一件事情的时候，对过程的重视程度往往要超出结果许多倍。

喜爱打网球的人，多是文化素养比较高的人，因为网球运动本身就具有贵族的气息和很高的格调，并不是所有人都可以轻而易举加入到这项运动中来的。喜爱网球运动的人从整体上来说，多是属于文质彬彬、有礼貌的人，他们会在各个方面严格要求自己，使自己达到一个相对比较高的层次，力求完善和完美。

喜欢足球的人，相当有激情，对生活持有非常积极的态度。有战斗的欲望，拼劲十足。

高尔夫球是一种象征着身份、地位和财富的贵族消遣。喜爱并不一定都能玩得起，凡是能够玩得起的人，多是具有比较强大的经济后盾的，而其本人也可以称得上是个成功者。他们能够成功是具备了成功者必备的素质：坚强的毅力、宽阔的胸怀、远大的理想、不达目的不罢休的精神等。

喜欢举重的人，多比较偏重于追求表面化的东西，而忽略了一些实质和内涵。他们通常都很在意他人对自己持什么样的态度，并可能会为此改变自己，迎合他人。

兴趣爱好之于性格就像风向标之于天气，是本质的表面反映。多观察对方的兴趣爱好，不但能找到双方交往的共同点，而且还能读出他的性格个性，一举两得。所以，不妨多练出几样自己的拿手“爱好”吧，毕竟，只有共同参与才能有交流对话的平台。

用眼球锁定对方的小动作

在社交活动中，我们一般没有条件通过长时间的接触去了解一个人，基本上是接触过一两回，就要对一个人的性格有大概的了解，那么，关注对方的小动作，就是让你在3分钟内搞定对方的小窍门。从心理学的角度来说，一个人平常无意流露出的动作，可以表明那人的本性，虽然不是百分之百的准确，但还是有一些小道理的。因此，想了解一个人，不妨仔细观察一下他吧。

● 边说边笑：这种人与你交谈时，你会觉得非常轻松愉快。他们大都性格开朗，对生活要求从不苛刻，很注意“知足常乐”，富有人情味。感情专一，对友情、亲情特别珍惜。人缘较好，喜爱平静的生活。

● 掰手指节：这种人习惯于把自己的手指掰得咯嗒咯嗒地响。他们通常精力旺盛，非常健谈，喜欢钻“牛角尖”。对事业、工作环境比较挑剔，如果是他喜欢干的事，他会不计任何代价而踏实努力地去干。

● 腿脚抖动：这类人总是喜欢用脚或脚尖使整个腿部抖动，最明显的表现是自私，很少考虑别人，凡事从自己的利益出发，对别人很吝啬，对自己却很大方。但是很善于思考，能经常提出一些别人想不到的问题。

● 拍打头部：这个动作是表示懊悔和自我谴责。这种人对人苛刻，但对事业有一种开拓进取的精神。他们一般心直口快，为人真诚，富有同情心，愿意帮助他人，但守不住秘密。

● 摆弄饰物：这种人多为女性，一般都比较内向，不轻易使感情外露。她们的另一个特点是做事认真踏实，大凡有座谈会、晚会或舞会，人们都散了，但最后收拾、打扫会场的往往是她们。

● 耸肩摊手：这种动作是表示自己无所谓。这类人大都为人热情，而且诚恳，富有想象力，会创造生活，也会享受生活。他们追求的最大幸福是生活在和睦、舒畅的环境中。

● 抹嘴捏鼻：习惯于抹嘴捏鼻的人，大都喜欢捉弄别人，却又不敢“敢做敢当”，爱好哗众取宠。这种人最终是被人支配的人，别人要他做什么，他就可能做什么，购物时常拿不定主意。

● 常常低头：慎重派。讨厌过分激烈、轻浮的事，孜孜勤劳，交朋友也很慎重。

● 托腮：服务精神旺盛，讨厌错误的事情，工作时对松懈型的合作对象会很反感。

● 两手腕交叉：对事情保持着独特的看法，常给人冷漠的感觉，属于易吃亏型的人，稍微有些自我主义。

● 摸弄头发：这是一个情绪化的，常常感到郁闷焦躁的人物。对流行很敏感，但忽冷忽热。

● 把手放在嘴上：属于敏感型，是秘密主义者。常常嘴上逞强，但内心却很温柔。

● 手握着手臂：保守派非理性的人，因为不太拒绝别人的要求，有遭致吃亏的可能。

● 靠着某样物体：性格冷酷，有责任感和韧性，属独自奋斗型。

● 到处张望：具有社交性格的乐天派，有顺应性，对什么事都有兴趣，对人有明显的好恶感。

● 摇头晃脑：这种人特别自信，以至于唯我独尊。他们在社交场合很会表现自己，对事业一往无前的精神常受人赞叹。

● 说话时指手画脚：这些人对探听他人秘密的兴趣特别浓厚，自己知道了的事情，便急不可待地传播出去。

● 说话时以手掩口：他们的表现多是为了掩饰自己内心深处的秘密，希望不让人察觉。有过分自卑的倾向，多是具有双重性格的人。

● 时常轻拍别人肩膀：感到自己比别人强或占优势，才会以轻拍别人肩膀来传递自己对别人的同情或支持。

● 抓头发：喜欢抓头发的人都是健忘、易受情绪支配的，当情绪不稳定时，便不期然做出这个动作，希望在惶恐时抓着一些慰藉。

● 抚摸下颚：与人谈话时不断抚摸下颚的人，急欲更进一步了解对方底细。

● 咬指甲：缺乏自信的人在别人面前不知所措时，便会咬指甲。独处时感到寂寞，也会以咬指甲来消磨时间。甚至有些人会边咬指甲边沉醉于幻想之中。

● 皱眉：他们是先天下之忧而忧的人，说得直接点便是过分忧虑，所以，遇上心情不安时，便皱起眉头。

● 咬或舔下唇：感到压力自四面八方袭来，却又摆脱不掉时，便会希望借着这个动作舒缓一下绷紧的神经线。在整理一些毫无头绪的事情时，也会舔着唇来想对策。

● 频频吐舌：这些人多缺乏自信，常担心别人对他有所责备，因此显得有些神经质。无论完成的事情是大是小，都希望得到别人的评价，但又不大承受得起批评，所以便会出现这些小动作。

● 自言自语：他们是善良的，但他们的习性表示了自己的意志薄弱，所以多是吃亏的一群人。遇事从来都不敢站出来讨个公道。

如果留心观察对方的小动作，就能在他们的言语之外去“解密”对方的真实性格，从而对他有更全面的了解和掌握，便于我们采取更恰当的方式与其他交往。亲爱的朋友们，下次跟人初次打交道时，用眼球锁定对方的小动作吧，3分钟内摸清他的性情将不再是难事。

佩饰中也有很多小秘密

美国纽约的一位著名心理学家伊莉尼医生认为，通过佩戴的饰品不仅能看出一个人的爱好和眼光，还可以反映出他们的性格。不同性格的人对不同的形状会有一种特别的偏爱，在佩饰的选择方面也能表现出来。那么，不同的佩饰中隐藏着怎样的“性格密码”呢？

女性比较倾向佩戴饰品，所以通过佩饰发现其中隐藏小秘密的法则多适用于女性。先来看看首饰款式和个性的关系吧。

● 金首饰：身上戴满了金戒指、金耳环、金手镯、金项链的人，往往是一个颇有自信心、性格外向并对人友善的人。如果只戴少许金首饰，比如只有一对耳环、一条项链，或只是一块金表，说明有欣赏好东西的口味，但性格不太外向，注意约束自己，不是一个态度随便的人。

● 银首饰：喜欢戴银首饰的人，是一个有秩序的人。做事喜欢按照事先制订好的规则，尤其是每天的例行工作，而不喜欢突然使人惊奇。

● 家传首饰：有些女性喜欢戴家传首饰，如旧的手镯、旧式耳环和戒指，或一对古老的袖口饰或胸饰，而不去买现代的首饰，身上很少有新潮的饰物。这类大多热衷家庭、忠于家人，对朋友也非常忠诚。

● 夸张的首饰：有的人喜欢戴很大的首饰，比如大耳环、大块的胸饰、大颗的彩色假宝石等，大多是无忧无虑的人，很有幽默感，喜欢在众人中突出自己。受人欢迎，也乐于助人，善于与人相处。

● 艺术品首饰：有的人喜欢买手工做的首饰或是自制的饰物，每件都是与众不同的。这类人是有创造性的人，如果向文艺或戏剧方面发展或搞建筑工作，也许会有成就。

● 新潮饰物：有人爱戴一个新潮的小饰物。其实这种人大多是为人实际的，绝无花架子，不希望有炫耀成分的饰物在身上，更不戴假首饰。

● 假首饰：身上戴着成串的红宝石、绿翡翠，其实全是赝品。这种人把自己的外貌放在非常重要的地位，也可能在生活上要求甚高，而实力欠佳。

除了首饰的质地和类型能反映人的性格，饰品的形状也是透露出一个人个性的玄机。

● 喜欢圆形款式的女性比较传统，家庭观念强，有一定的依赖性。但比较知足，性格恬静。同样爱好的男士，则性情温和、亲切、平易近人，具有强烈的责任感，给人一种安全感。

● 钟情于椭圆形款式的女性，具有较强的独立性和创造性，不论在生活还是在事业上，都显得与众不同，往往能得到上司的欣赏和重用。如果是喜爱椭圆形款式的男性，则富有正义感，具有较强的领导能力，容易取得朋友和群众的支持。

● 偏爱心形的女性性情细致、体贴入微，而且浪漫活泼，感情丰富，富于女人味。而男士则热情大方，乐于助人，对爱情执著，具有很强的社交能力。

● 偏爱长方形或方形款式的女性，生活严肃认真，做事井井有条，坦诚、坚强。而男士则处事沉稳，具有很强的洞悉能力，爱理智行事，精力充沛。

● 选择梨形款式的女性，多为追求时尚的现代女性，容易接受新鲜事物，勇于探索，具有较强的适应能力。男士方面，禀性坦诚、外向，能尊重他人。

● 偏爱橄榄形款式的女性具很强的事业心，大胆外向，爱接受挑战。男性则具独创性，喜欢标新立异，追求刺激，不易受人影响。

除了饰品的质地和形状，颜色的选择也是人性格的隐形显示，不同颜色的饰品代表了不同人的性格。

喜欢红色饰物的人，个性积极进取，对人生充满希望，喜欢在挫折中前进；

喜欢绿色饰物的人，对新奇事物充满兴趣，是一个懂得享受生活的人；

喜欢灰色饰物的人，拥有很强的责任心，品位与众不同，有自己的一套做人做事原则；

喜欢黄色饰物的人，向往过富丽堂皇的生活，并以此激发，使其对人生充满期待；

喜欢黑色饰物的人，善于思考，具有很强的理性，是理想主义者；

喜欢棕色饰物的人，重视名誉与尊严，待人宽厚，喜欢安分守己，是个平凡可靠的人；

喜欢紫色饰物的人，喜欢具有挑战性的生活，渴望刺激，热情又好奇，总能让生活变得多姿多彩；

喜欢蓝色饰物的人，是个典型的实干家，具有很强的执行能力，喜欢出席各种社交活动。

看了这么多佩饰小秘密，以后看到光彩熠熠的男性或女性时，就不要只顾着欣赏对方的神采，从头到脚观察他们佩戴的小饰品吧，性格的秘密就隐藏在其中。

语言探底，摸清对方脾气

世界上最难理解的问题是什么，有人得出的答案是：人。

一则古老的希腊神话告诉我们，在忒拜城外，有只长着狮身、鸟翼、美女头的怪兽——司芬克斯。她蹲在悬崖上，强迫每一个路过的人猜出她的谜语，谁猜不了，她就将谁吞食。无数的人葬身其腹，连克瑞翁国王的儿子也未能幸免，司芬克斯所出谜语的谜面是：早上四条腿，中午两条腿，黄昏三条腿。谜面暗指了人的幼年、成年、老年三个阶段的特征，谜底自然就是人。

是的，人确实是一个千古难解的司芬克斯之谜。人能了解许多事物，却难于了解人本身。难于捉摸的是人的心理、人的需求、欲望和人的个体特征。

柴斯特菲尔德在《给儿子的信》中说："学习乃是借助阅读书籍而有所收获，然而在世界的知识中，最需要学习的却是如何洞察他人，同时善加研究各色各样的人物。"确实，人是社会的人，处于复杂的人际网络中，只有知道如何洞察他人并善加研究各式各样的人物，才能在人的海洋中左右逢源。游刃有余。那么，如何洞察人这一复杂的司芬克斯之谜呢？下面即向你介绍怎样通过语言探底，来摸清对方的脾气：

● 通过谈话来认识他人。谈话中经常涉及自己，谈自己的经历、看法、态度。这种人一般性格外向、感情强烈，自我意识突出；另一种人则恰恰相反，谈话中很少谈到自己，在必须用"我"时，通常用"我们"来代替。这些人大多性格内向，不注重自我表现，主观色彩不浓，具有雷同的性格。

话题总是生活中的琐碎事情，属安乐型的人。这类人较为关心生活安排，注重现实生活水平的提高。

喜欢谈论国家大事的人，属事业型的人，经常读书看报，讲求工作效率。

经常谈论自然现象，热心于诸如飞碟、火山、地震等自然方面的问题。这类人的生活有规律，办事严谨，注意事物的精确性。

热衷于谈论社会现象，关心人与人的关系及社会问题。这种类型的人生活不很规则，办事粗枝大叶。

不愿总把持话题，常希望讨论对方的话题。一般说，这些人具有宽容的精神，谦虚讲礼仪，有些人大多深谙人际交往的技巧；与之相反，总不断地扯出自己话题的人，属于具有较强支配欲和显示欲的人。

● 通过谈话内容的重点来认识他人。谈话是概括性的，注重事物的结果，关心宏观问题，属领导型人物。人际交往多为亢进型与控制型，有较强的独立性，有支配欲、主观性。

叙事具体，注意具体细节及过程。这种人适合于做琐碎的事务性工作，交往类型多为支持型与分析型，支配欲不强，交往中有顺从性，独立性不强。

● 通过讲话方式来认识他人。讲话决断明了，表明他的自信心强。

讲话爱用命令式口吻的人，怀有优越感，办事主观，其中有些人也不乏魄力，但另一些人说明了他的幼稚。

说话声调很高的人，性格浮躁，同时也任性。

● 通过讲话速度来认识他人。讲话速度快而急，一般是个脾气急躁之人。办事虎虎有生气，但瞻前顾后不够，有粗枝大叶的毛病。

讲话速度快而不急的人，办事果断，富有远见，不易改变主张。

此外，我们还可以从口头语了解他人性格。心理学家指出，每个人都有口头语。口头语虽没有什么实际的意义，却是在日常说话时逐渐形成的。之所以形成某一口头语，和一个人的性格有一定的关系。例如，不少人常说的口头语“差不多”，便反映了“随便”、“圆滑”等性格。

人的口头语虽不相同，多种多样，但归纳起来，可分为六种类型。

● “说真的”型。

我们常听到：“我存够了10 万元便结婚，说真的。”、“这事要拜托你了，说真的。”等等。常说“说真的”一类口头语的人，有一种担心对方误解自己的心理，所以在说话时加说“说真的”，以表明自己的重视程度。说这种口头语的人，性格有些急躁，内心常有其他想法，故用“说真的”来表白。

这一类型的口头语还有：“老实说”、“的确”、“不骗你”……从事商业活动的人，有此类口头语，能反映他博取信赖的心理。

● “应该”型。

常说“应该”的人，也常说“不该”。这类人自信心极强，显得很理智，为人冷静。自认为能够将对方说服，令对方相信。另一方面，“应该”说得过多时，反映了有“动摇”的心理。

“必须”、“必定会”、“一定要”……也属这一类型的口头语。长期担任领导职务的人，易有此类口头语。

●“听说”型。

“听说她和人同居了，是不是这样我不清楚。”

“听说”这一个口头语不少人常用，具有一种给自己留有余地的心理。

常说这种话的人见识虽广，决断力却不够。明明是事实，如果是他人说的话，便会是“听说……”。

类似“听说”的口头语有“据说”、“听人讲”……很多处事圆滑的人，都有这类口头语。

●“可能是吧”型。

“小帆和小刚闹翻了，可能是性格不合吧。”“2号宿舍有个女生喝药自杀了，可能是因为失恋吧。”

说这种口头语的人，自我防卫本领很强，不会将内心的想法完全暴露出来。在处事待人方面很冷静，所以，工作和人事关系都不错。而且，“可能是吧”这类口头语也有以退为进的含义。事情一旦明朗，他们会说“我早就估计到这一点了”。从事政治工作的人多有这类口头语。类似的口头语有“或许是吧”、“大概是吧”等等。这一类口头语往往隐藏了自己的真心。

●“但是”型。

“我虽然很想去，但是……”“这事好是好，但是，我不能做。”

常说“但是”这一口头语的人，有些任性，所以，总提出一个“但是”来为自己辩解，“但是”这一口头语，也是为保护自己而使用的。从一方面看，“但是”也反映了温和的特点，它显得委婉，没有断然的意味。

类似的口头语还有“不过”等。从事公共关系的人常有这样的口头语，因为它的委婉意味，不致令人有冷淡感。

●“啊”、“呀”型。

“啊”、“呀”，常是词汇少，或是思维慢，在说话时利用间歇的方法而形成的口头语，年幼时受到宠爱，也会养成说这种口头语的习惯，因此，说这种口头语的人，应是较迟钝的，也会有骄傲的性格。

总之，要了解一个人，最直接的途径还是交谈，因此，通过对方的谈话习惯和谈话内容，能够最快地摸清对方的性格喜好。有的人，说上几句，就会有一见如故的感觉；有的人，谈不了两三句，便心生厌烦。所以，在社交活动中，多试着跟他人交谈吧，毕竟语言传递的信息量是最大的。

第三章

帮你交好运的赞美之术：妙口一张，攻克他的心理防线

真诚的赞美是人类最美的语言，它像和煦的春风一样，让人感到温暖和力量。不管是孩子还是成年人，不管是平凡之辈还是成就卓著之人，都希望得到赞美和认可。赞美不是拍马溜须，不是阿谀逢迎，赞美是发自内心的肯定和鼓励。赞美的技巧有多种，借题发挥好话多，抓住对方的闪光点，适时赞美别过时，扬彼贬我是胸襟……抓住了赞美的技巧，妙口一开，不出3分钟，对方将会眉开眼笑地跟你滔滔不绝。

贵在借题发挥，赞美不能太突兀

赞美，有时需要在一定的语境里发挥，赞美者要能抓住关键的“题眼”。“题眼”，可以是人，也可以是事。

著名作家金庸，平时最爱好的就是围棋，他的围棋曾受到聂卫平的指点。曾有人问聂卫平：“你有几个围棋弟子？”聂卫平回答：“最好的弟子是马晓春，但真正拜过师的只是查先生（金庸原名为查良镛）一位。”又问：“你怎么叫查先生为徒弟？”聂回答：“我崇拜查先生的小说，他的年龄又比我大得多，我们是两头大。”人家再问：“查先生的围棋在香港是不是最好的？”聂卫平考虑半晌后答：“在香港知名人士中第一。”众人大笑，金庸的眼睛更是笑成一条缝。

可见，如果赞美的话能和当时当地的情况气氛相协调，就会让人默默地“陶醉”在赞美之词中。

琳娜在一家企业做公关，她自称是一个爱“八卦”的女孩，对明星、星座都特别感兴趣。不过，也正是她这爱“八卦”的性格，让她在赞美别人时如同清风拂水，不留痕迹。

琳娜办公室对面座位的同事小怡的星座是射手座。午休时，同事们聊天，有时谈起射手座的明星，琳娜就顺便恭维她几句——“射手座就是热情似火，你看看小怡就知道，像个小太阳似的，有她在，咱们就能感受到阳光和温暖。”会计小王的星座是天蝎座，看到她穿了漂亮衣服，琳娜说：“这衣服正适合你，天蝎座的一大特点就是神秘，你现在就给人这种感觉。”

渐渐地，琳娜发现大家对她的“八卦”分析越来越感兴趣。琳娜想，每个人的心中都有一个花园，渴望着被浇灌，被欣赏，她愿意做这样一个浇灌者和欣赏者，哪怕这种方式有点“八卦”，那又何妨呢？

其实，我们内心都隐藏着渴望被别人了解的热望，而琳娜的行为，正迎合了身边同事的这种热望，看似在谈明星，谈星座，实际上却让周围的人觉得她所谈论的事情与自己紧密相关，琳娜的话恰到好处地与同事的优点挂钩，更让人对她的“八卦”产生好感。同时，大家还会在琳娜那里感觉到一种被重视感，如此一来，对她产生喜爱之情就是自然而然的事了。

在此提醒想要效仿琳娜的朋友们：借“八卦”表欣赏的确是个不错的做法，不过，一定不要本末倒置，要清晰地记住，大家真正感兴趣的是对自己的评价与描述，而不是八卦的内容。因此，要想让此招长久有效，还是需要拿出真正发现别人优点的热情和耐心来，这才能让对方感觉到你的诚意。

借题发挥式的赞美有很多种，只要能找到恰当的“契合点”，就一定会让对方乐意接受你的赞美。借题发挥式的赞美主要是含蓄地表达赞美意向，从而不露痕迹地巧妙称赞对方，让对方在不知不觉之中潜移默化地受到融洽气氛的感染。

如果要间接地赞美某一个人，可以从他的职业、籍贯、民族、习俗、地域、特产、气候特点等方面进行。比如，可以这样赞美：“到底是教师啊，素养就是高。”“真是天堂出靓女呀，杭州的女孩子就是漂亮。”“听说您的母校非常有名，出了许多优秀的人才。”“您是山东人呀，山东真是太厉害了，自古都是英雄好汉。”

这些赞美虽然不是直接针对他人，但有时候比直接赞美的效果更好，受到恭维的人一样会喜不自禁、眉开眼笑的。他们会生出一种自豪感，为自己的职业、家乡、民族和习俗等感到由衷的骄傲。

借题发挥的“题”有很多，只要稍加留心，就能在那个“题”上加进自己的赞美，让对方觉得顺理成章，很自然就会从内心接纳你的赞美。

在对方引以为豪的事上多放糖

赞美要赞到“点子”上，如果是对方不在意之处，少赞美几句也罢，重要的是在对方引以为豪的地方来点“锦上添花”。记住，赞美一个人引以为荣的事情，是赞美的最关键技巧，也是赞美高手秘不二传的“杀手锏”。

乔治·伊斯曼是世界上最有名望的商人之一，他发明了感光胶卷，从而使世界上出现电影成为可能。当然，这也为他积累了一笔高达1亿美元的财富。

在曼彻斯特，伊斯曼建造了一所伊斯曼音乐学校。他还盖了一个著名戏院，以纪念自己的母亲。当时，纽约高级座椅公司的总裁亚当斯想得到这两幢大楼的座椅订货生意。于是，他与负责大楼工程的建筑师通了电话，约定拜见伊斯曼先生。

会见伊斯曼之前，那位好心的建筑师向亚当斯提出忠告：“虽然你很想争取到这笔生意，但我还是要告诉你，要是你占用的时间超过5分钟，那你就不会再有一点希望。他是说到做到的，他很忙，因此，你得抓紧时间把事情讲完。”

进入伊斯曼的办公室时，亚当斯看到伊斯曼正伏案处理一堆文件。过了一会儿，伊斯曼抬起头来，说道：“早上好。先生，有事吗？”

建筑师为他们彼此作了引见，然后，亚当斯满脸诚恳地说：“伊斯曼先生，在恭候您的时候，我一直很羡慕您的办公室，假如我能有这样一间办公室，那么即使工作辛苦一点我也不会在乎的。我从事的业务是房子内部的木建工作，但我之前还没有见过比这更漂亮的办公室呢。”

伊斯曼笑着回答说：“您提醒我记起了一样差点儿遗忘的东西。这间办公室很漂亮，是吧？当初刚建好的时候我对它也是极为欣赏，可如今，我每来这儿时总是盘算着许多别的事情，有时候甚至一连几个星期都顾不上好好看看这个房间一眼。”

亚当斯走过去，像抚摸一件心爱之物那样，用手来回抚摸着一块镶板，“这是英国的栎木做的，对吗？英国栎木的组织和意大利栎木的组织有点儿不同。”

伊斯曼说："是的，这是从英国进口的栎木，是一位专门同细木工打交道的朋友为我挑选的。"接下来，伊斯曼带亚当斯参观了那间房子的每一个角落，他把自己参与设计与建造的部分一一指给亚当斯看。他还打开一只带锁的箱子，从里面拉出他的第一卷胶片，向亚当斯讲述他早年创业时的奋斗历程。

伊斯曼情真意切地说到了孩提时家中一贫如洗的惨状，说到了母亲的辛劳，说到了那时想挣大钱的愿望，讲到了怎样没日没夜地在办公室搞实验等等。

"我最后一次去日本的时候买了几把椅子运回家中，放在我的玻璃日光室里。可阳光使之褪了色，所以有一天我进城买了一点漆，回来后自己动手把那几把椅子重新油漆了一遍。你想看看我漆椅子的活儿干得怎么样吗？好吧，请上我家去，我们共进午餐，饭后我给你看。"当伊斯曼说这话时，他们已经谈了两个多小时。

吃罢午饭，伊斯曼先生给亚当斯看了那几把椅子。每把椅子的价值最多只有1到5美元，但伊斯曼却为它们感到自豪，因为这是他亲自动手油漆的。对伊斯曼如此引以为荣的东西，亚当斯自然是大加赞赏。

在离开伊斯曼家时，亚当斯获得了那两幢楼的座椅生意。原因其实很简单，那就是亚当赞美的东西正是伊斯曼所引以为豪的。

那么，怎样才能恰如其分地赞美对方引以为荣的事情呢？那就要在赞美别人之前，必须掌握对方的基本情况，如对方的优点和长处，他的缺点、弱点，还要熟悉对方的爱好、兴趣、人品等，这样才能避免泛泛而谈或者无话可说。做到知己知彼，方能百战不殆。

在一个人的人生道路上，有无数让他引以自豪的事情。真诚地赞美这些事情，可以使你更好地与人相处；可以使他人容易接受你的建议；可以使他人感到幸福。对于一位老师，你可以称赞他的教育成绩和他的学生；对于一位母亲，你可以说她培养了很有出息的孩子；对于一位老人，你可以赞颂他一生事业的光辉点石成金。要明白，几乎每个人都有自己的自豪之事，要做赞美的高手，就必须了解别人为之自豪的事情并给予赞美，这样才能"投其所好"，获得他人的好感。

赞美一个人引以为荣的事情，可以使他更容易接受你的建议，同时必须注意三点：第一，赞美的语言表达要准确，不能偏离事实；第二，赞美必须是由衷的，发自肺腑的言语，不要夸张；最后，赞美时精力要专注，让被赞美者感到你是真心实意的。

标新立异，大众化的赞美不值钱

赞美是件好事，但却并非一件简单的事。遇见女人就夸“漂亮”，碰见男士就说“能干，有为”，这些老套的赞美不能引起人特别的感受和注意力。所以，要在赞美的技巧上下点工夫，找到别出心裁的赞美之词，让对方在瞬间对你产生好感。

对一个事业有成的女人来说，如果你经常夸她有能力、有才干，而她几乎每天都听到这样的赞美，因此，无论你再怎么费力地赞美她，她也不会觉得有什么特别。但如果你对她说：“你的眼睛非常迷人，你不论坐着、站着还是走路的时候，都别有韵味。”相信她一定会喜上眉梢，认为你是一个很有眼光的人。

法国总统戴高乐在1960年访问美国时，在一次尼克松为他举行的宴会上，尼克松夫人费了很大的心思布置了一个鲜花展台。在一张马蹄形的桌子中央，用鲜艳夺目的热带鲜花衬托了一个精致的喷泉。

戴高乐将军一眼就看出这是主人为欢迎他而精心制作的，不禁赞不绝口：“女主人真是用心，这一定花了很多时间来进行漂亮、雅致的计划与布置。”尼克松夫人听后，喜悦之情溢于言表。

也许在其他人看来，尼克松夫人布置的鲜花展台不过是她作为一位总统夫人的分内之事，没什么值得赞美的，但戴高乐将军却能领悟到她的苦心，并因此向夫人表示了特别的肯定与感谢，从而使尼克松夫人异常高兴。

我们说，称赞一个人时，与其称赞他最大的优点，不如发现他最不显眼，甚至连他自己也未曾发现的优点。因为他最大的优点已成为其性格中的一部分，在任何人看来都已是不足为奇的了。如果经常称赞一个人这样的优点，可能会让这个人产生反感。相反，那些小小的优点，因为从未或很少有人发现，因此也就显得弥足珍贵。而你的发现与称赞为对方增添了一份对自己的认识，也增加了一次重新评估自己价值的机会。同时，你不同凡响的观察力还会获得对方的器重。

在人与人的交往中，可以说任何人都喜欢被人赞美、奉承。在第一次世界大战结束时，德意志帝国惨败，皇帝威廉二世顿时成了全世界最讨厌的人，连自己的国民也都与他为敌。正当他准备逃往荷兰时，却意外地收到了一位少年的来信，信中充满了稚嫩的赞美词："不管别人怎样想您，我永远都爱您。"

威廉二世看了这封信，异常感动，立即给这位少年回信，希望能与他见面。少年的母亲带着他会见了威廉二世，最后还意外地促成了皇帝与少年母亲之间的一段美好姻缘。

每个人都不会拒绝别人真诚的赞誉之词，包括领导。但赞美之词一定要有闪光的地方，不可过分流于世俗。拿破仑对于奉承一向很反感，这一点他的士兵都知道。然而有一个聪明的士兵却对拿破仑说："将军，您是最不喜欢奉承话的，您真是位英明的人物。"拿破仑听后不仅没有斥责他，反而还十分自豪。这位士兵之所以赞美成功，就是因为他了解了拿破仑的脾气秉性，深知他讨厌奉承的话。但他又很聪明，准确地赞美了拿破仑的"闪光点"，这种标新立异的赞美方式确实比大众化的赞美要更让人心花怒放。

事实上，没有人对别人给予自己的赞美无动于衷，只不过有人会赞美他人，有人不会赞美而已。大文豪萧伯纳曾说过："每次有人吹捧我，我都头痛，因为他们捧得不够。"可见，高帽子是人人爱戴的，关键是赞美的人能不能找到一种标新立异的赞美方法而已。

赞美别人要注意别出心裁，有特点的赞美才能让别人注意你，才能达到拉近彼此距离的目的。金庸的武侠小说《天龙八部》里面，有一个星宿派的掌门星宿老怪，非常喜欢他的弟子对他阿谀奉承，他的那些弟子也非常肉麻，老是说他：星宿老仙，法力无边，神通广大，威震中原……不过，这些奉承的话总是千篇一律，没什么新意，老怪听多了也没什么特殊的感觉。

可是，他的弟子里面有一个人，就是鬼精灵的阿紫，她每次奉承起师父来，总能别出心裁，与众不同，所以老怪平日里面最喜欢她。这虽然是个反面例子，可我们也能看出来，赞美一个人，一定要注意与别人不一样。比如，如果你面对一个知名的企业家，就不要像别人一样去夸奖他如何会管理企业，而应该看看他有什么别的嗜好。要注意，当我们在赞美别人的时候，一定不要重复那些别人耳朵都听得起茧的话语。尤其是对那些成功人士，他们经常听到别人赞美，因此我们就不要像别人一样千篇一律地去赞美，而是一定要注意寻找别人所没有注意到的细节。只有这样，你才能出奇制胜。

赞美也有保质期，关注变化效果好

我们从电视新闻中经常看到这样的情景：每逢一个国家的元首当选时，本国的电视台都会播放外国元首发来的贺电。的确，此刻最需要及时发电表示祝贺。如果过了十来天，你再发去贺电，恐怕是上不了其国家的报纸和电视了，用老百姓的话说就是——黄花菜都凉了。

由此可见，赞美一定要及时。比如，单位里的同事刚被提拔当了处长，成为你的上级。第二天上班时，一见面，你就应该马上说："你好，处长。"打招呼的同时，一定要提到"处长"二字以示祝贺。如果你只说"你好"，不提处长这事儿，他心里也许会想："这家伙，我当处长，你都看不起我，看我以后怎么收拾你。"

赞美别人要善于把握机会，在恰当的时机去表达赞美，才能起到相应的效果。否则，就像过了时的时装一样，根本引不起人的兴趣。

此外，在交谈过程中，不能只顾着说自己想说的，要跟对方进行"互动"式的谈话，接过话题，顺势赞美。因为，在交谈过程中，如果对方谈到自己的得意之事，那就是渴望与你分享他的喜悦。这也可以看成是他准备接受你的赞美之辞的信号。此时，你要停下所有的事情，接过话题顺势赞美一番，以满足对方的心愿。

例如，你和一位女士谈判时，她突然得意地对你说："我儿子今年考上清华大学了。"你要立刻停下所有的事情，接着她的话题说："啊，清华大学，真了不起，那可是全国最高等的学府啊。他爸爸特别聪明，你也聪明，怪不得你们的儿子这么聪明呢……记得当年我们高中，全年级几百人，也只能考一两个清华北大的……"之后，才可以说："大姐，您看我们的合同怎么签？"

在母亲面前，一定不要吝啬对她孩子的夸奖，这比夸奖她本人要令她高兴几百倍，因为，任何孩子在妈妈眼里都像天使一般可爱。比如，一位母亲拿出自己孩子的照片给你看："你看看，这是我儿子，多可爱。"此时，你一定要赞美："这是你儿子呀，我现在才知道帅哥小时候长什么样，我以前只见过大帅哥，没见过小帅哥。瞧你这儿子，长得多好，你看这皮肤多白，眼睛多大，哎，还是双眼皮呢。你看这腿多长，将来一定是个大高个儿。看这脑门儿多大，将来肯定特别聪明……"——你总能找出值得赞美的地方。

假如你接过照片，随意地看了一眼就还给了对方，什么也没说，那就表明你背后的意思是："你的儿子，实在没有什么优点，没有值得夸耀的地方……"看到你这种表现，对方该多么郁闷啊。

除了赞美之词要及时，还应该细心发现对方的变化，这样会让对方感觉到你是在关注他，从而满足人内心渴望受重视的小"虚荣"感。觉察到别人的变化，就要大胆地表达出来。对于好的变化，一定不要吝惜赞美之辞。

米歇尔是一名公司的会计，她颇有感触地说："领导也需要赞美，不会赞美领导的人，人际关系便难以搞好。"

一天上午，她的领导穿了一套新西装，得意洋洋地来到会计室，在女士们面前转了一圈儿。米歇尔及时称赞道："经理，你这西装穿得真帅气。你个子高，显得更加英俊潇洒，玉树临风啊。"其他几位女士一起附和道："是啊，帅呆了。"

中午，领导又来到了会计室，见她们个个都在座位上，便问："你们午休时间怎么也不出去转转？"

大家异口同声道："时间那么紧，吃完饭，也快上班了。"

"是吗？这样，以后中午多给你们一些休息的时间，出去转转，会计更需要头脑清醒。"领导当场拍板。就这样，她们每天多了半个小时的休息时间。

在日常生活中，当我们在注意到别人的变化时，认为往好的方面变当然可以热情赞美一番，但有的时候认为他的变化还不如以前，那么，作为真心关心他的朋友和同事，是不是应该指出来呢？

这点一定要慎重。要知道，一个人以新的形象出现在你的面前，又没有征求你的建议，说明他对自己的新形象充满自信。此时，你没有必要泼冷水，指出你认为的不足之处，况且，你提出的还不一定正确。

所以，如果他的变化不符合你的审美观，你可以从另一个角度来做一番正面的评价。

安东尼讲了自己的亲身经历：他们有一位领导，五十多岁，平时习惯穿正装。突然有一天，他穿了一套运动服，而且颜色并不好看。安东尼心想要夸他穿得好看吧，有点假，因为不是自己的真心话，这不符合赞美要发自真诚的原则，可他又不能视而不见，他要表达对领导的关注。领导这样穿一定有他的原因，也许他要参加一项体育活动，也许他想换个心情……人与人之间的审美也不尽相同，自己要发现其中的优点……于是，安东尼说："经理，你这身穿起来真显年轻。"这"真显年轻"说的是事实，领导听了很高兴，走路的步子也轻快了许多，还真显得更有活力了。

总之要记住，赞美也有保质期，要适时地表达，且要关注对方的变化，否则，赞美就变成了老套的陈词，让人听了跟没听一样，没有任何反响。

间接赞美，效果加倍

真诚坦白地直接赞美别人，固然能取得效果，但如果用词不当，就可能使赞美之词沦为阿谀奉承，给对方留下不好的印象，让人觉得你的赞美之词太露骨、太肉麻。如果你担心出现这样的结果，那么最好采取间接的赞美方式，着重表达自己对某一类人或物的赞美，同样会收到不错的效果。这样，无论使用怎样的溢美之词，都不会显得过于露骨和肉麻，而对方又能同样领会到你的赞赏之情。

要做到从容自如、得心应手地通过间接的方法赞美别人，还是要讲究一些技巧的。赞美是一门艺术，技巧性很强。就像画画一样，胡乱涂鸦的人都会涂上几笔，但要画一幅完整的作品，就没那么容易了。

要知道，大多数人都有爱听好话的心理，即使明知道别人说的是奉承话，心里也免不了会沾沾自喜。这是人性的弱点。一个人听到别人对自己的赞美后，一定不会感到反感，除非对方说得太离谱了。赞美的魅力是无穷的，但是，最有效的赞美是在背后赞美他人。

在《红楼梦》中有这样一段描写：史湘云、薛宝钗一起劝宝玉好好学习，以后做官，宝玉对此大为反感，对着史湘云和袭人赞美黛玉说："林姑娘从来就没有说过这样的混账话。要是她也说这些混账话，我早就和她生分了。"

恰巧黛玉此时走到窗下，听到了宝玉对自己的赞美，"不觉又惊又喜，又悲又叹。"之后宝玉和黛玉二人互诉衷肠，感情倍增。在黛玉看来，宝玉是在背后赞美自己的，而且不知道自己会听到，这种赞美就不是刻意的。如果宝玉当着黛玉的面说这样的好话，生性多疑的黛玉可能会认为宝玉是在讨好她或打趣她。

由此可见，背后说别人好话要比当面恭维别人效果明显好得多。你完全不用担心你所赞美的人会听不到你的赞美，相反，你对对方背后的赞美，很容易就会传到对方的耳朵里，对方也会因此对你另眼相待。

要赞美一个人，当面赞美固然能起到作用，但往往背后赞美的效果更明显。如果我们当面说别人好话，说得不当可能会被认为我们是在奉承他，讨好他。然而，在背后说这些相同的好话时，被赞美者就容易接受我们的赞美之词，也容易领情。如果我们当着上司和同事的面赞美上司，我们的同事会认为我们在讨好上司，拍上司的马屁，从而引起周围人的反感。而且，这种正面的赞美所起到的效果也是不明显的，甚至还会起到反作用。与其如此，我们不如在公司里上司不在场时，对上司“大力吹捧”一番。而我们所说的这些好话，也会很快传到上司的耳朵里。

此外，还可借第三者的口吻赞美对方。在一般人的观念中，“第三者”所说的话大多比较公正、实在。因此，聪明的赞美方式是以“第三者”的口吻来赞美，如此更能赢得被赞美者的好感和信任。

德国历史上著名的“铁血宰相”俾斯麦，当时为了拉拢一位敌视他的议员，便故意在别人面前赞美这位议员。俾斯麦知道，那些人听了自己对这位议员的赞美后，一定会将话传给他。果然不久，这位议员和俾斯麦成了不错的政治盟友。

在现实生活中，如果一个上司经常对下属说一些勉励的话，可能还不会让下属产生太大的感触，但当下属有一天从第三者的口中听到了上司对自己的赞赏后，相信一定会深受感动，从而也会更加努力地工作，以报答上司对自己的“知遇”之恩。

多在第三者面前赞美你想赞美的人，是你与那个人融洽关系、增进交往的最有效的方法。如果有位陌生的人对你讲：“某某经常与我谈起你，说你是位了不起的人。”相信你的愉悦心情一定会油然而生。这也就是说，我们要想让对方感到愉悦，就应经常在第三个人面前赞美他，这种赞美要比一个人站在你的面前说“我是您忠实的崇拜者”来得更让人舒坦。

在一般人的观念中，“第三者”所说的话往往比较公正、实在。因此，以“第三者”的口吻来赞美，更能赢得对方的好感和信任。对于借助“第三者”转达的赞美，不管是单位领导还是某个领域的大家，都会受用的。

1997年，金庸与日本文化名人池田大作展开了一次会谈，会谈的内容后来辑录成书出版。

在会谈刚开始时，金庸表示了谦虚的态度，说：“我虽然过去与会长(指池田)谈过世界知名人士不是同一个水平，但我很高兴尽我所能与会长对话。”池田大作听罢赶紧说：“您太谦虚了，您的谦虚让我深感先生的‘大人之风’。在您72年的人生中，这种‘大人之风’是一以贯之的，您的每一个脚印都值得我们铭记和追念。”

池田说着，请金庸用茶，然后又接着说：“正如大家所说，‘有中国人之处，必有金庸之作’，先生享有如此盛名，足见您当之无愧是中国文学的巨匠，是处于亚洲巅峰的文豪，而且您又是世界‘繁荣与和平’的香港舆论界的旗手，正是名副其实的‘笔的战士’。《左传》有云：‘太上有立德，其次有立功，其次有立言，是之谓三不朽。’在我看来，只有先生您所构建过的众多精神之价值才是真正属于‘不朽’的。”

在这里，池田大作主要采用了“借用他人之口予以评价”的赞美方式，无论是“有中国人之处，必有金庸之作”，还是“笔的战士”、“太上……三不朽”等，都是舆论界或经典著作中的言论。借助这些言论来赞美金庸，显然既不失公允，又能恰到好处地给对方以满足。

赞美像糖，吃多了口味相同的糖，味觉就麻木了，正如总是当面赞美，难免让人听腻了听烦了一样，而间接表达赞美之情或者通过他人之口去表达，就像给对方一种其他口味的糖，既好吃又新鲜。赞美的方式有多种，对不同对象可采取不同的方式去表达。至于间接赞美的效果，还要在实践中去尝试。

赞美也要适可而止，过度赞美惹人烦

一个气球吹得太小，会不好看；吹得太大，很可能会吹破。同理，对他人的赞美也应该适可而止——真诚的赞美应该是恰到好处。赞美要适度，要充满真诚、发自肺腑。

人人都喜欢听赞美的话，这是人的本性所决定的，但不一定所有的赞美的话都能让人喜欢，因为说赞美话的时候，要分场合、分对象、用恰当的语言赞美，才能赢得被赞美者的喜欢，否则，赞美话说得再多，也不可能达到赞美的效果。

有人把赞美转变成阿谀奉承，整天围着上司转，频频灌迷汤，以赞美来讨得上司欢心，以求达到自己的目的；有的人为了赞美别人，分不清对象，找不准特点，赞美的话张冠李戴，不假思索，随口而出，令被赞美之人听后心里很不舒服。对年长者夸人家真帅，对年轻者见面就夸人家身体健康、高寿，对胖者夸的是这人真有福气，肥得像猪一样；还有的一些政客，为了赞美而赞美，见了上司就夸，“你真漂亮，是我见到的第一美人”，“你说的话真好听，我从来没有听到过这么好的话”，“你真英明、伟大，没有你当我们的领导，就没有单位的今天”，“你是我遇到的最有能力的人，在做事和为人方面没有谁能比得上你了”。如此对上司的“恭维”，让人感到肉麻，听起来也会叫人不舒服。

说赞美的话也有学问，并非是人人都能把赞美的话说到恰如其分。赞美也要适可而止，注意技巧，既能使对方欣然接受，不觉得赞美之言过火而心生烦躁，而且还要赢得对方对自己的好感，以达到其真正的赞美效果。

假如在聚会上发现某人的歌儿唱得不错，你对他说：“你唱歌真是全世界最动听的。”这样赞美的结果只能使双方都难堪，但若换个说法：“你的歌儿唱得真不错，挺有韵味的。”他一定会很高兴。所以说，赞美之言不能滥用，赞美一旦过头变成吹捧，赞美者不但不会收获交际成功的微笑，反而要吞下被置于尴尬地位的苦果。古人说得好，过犹不及。

赞美要发自一个人的内心，要体现真诚，要实事求是，而不是随心所欲、信口开河，因为你要赞美的人，是你了解的人，你要赞美的话，是来自于被赞美人的优点。如果你能准确而又亲切地用善意的优美动听的语言，和蔼自然地将其对方的优点赞美一番，既能使在场的人引起共鸣，同为称道，也会使对方感到受之无愧，心安理得。

赞美的语言是对人形体和行为的一种修饰，要使用得当，恰到好处，也并非是越多越好，过分的语言，不切合实际的赞美，那就过犹不及了。因此，说赞美的话也是有学问的，要想学会赞美，首先就要学会做人。

赞美来自于诚实，发自于内心，不仅要观察其表，还要了解其里，同时，还要把握一个度，只有在对其赞美之人掌握可赞美之处的基础上，选择好适合的场合表达出由衷的赞美，得体的赞美之词才会娓娓道来，这时候的赞美才能起到真正的赞美效果。

赞美的尺度掌握得如何，往往直接影响赞美的效果。记住，恰如其分、点到为止的赞美才是真正的赞美。使用过多的华丽辞藻，过度的恭维、空洞的吹捧，只会使对方感到不舒服，不自在，甚至难受、肉麻、厌恶，其结果是适得其反。

第四章

在低头中夺取主动权：
3分钟搞定对方，你必须有柔韧性

老子说“上善若水”，因为“水善利万物而不争”。柔韧往往是战胜强大的杀手锏，所以，人要学会适度地弯曲。低头示弱不仅能够保全自己，也会让自己从中夺取主动权。勾践低头了，所以有之后的东山再起；韩信低头了，所以有后来的光辉伟业；麦穗低头了，所以收获了沉甸甸的麦粒。一个人有一种脾气，在与人交往的过程中，什么性格的人都可能遇到，什么事情都可能发生。这时，你需要做的，是锻炼自己的柔韧性，伸屈自如，凡事即可游刃有余地应对。那么，3分钟让对方产生好感，还是难事吗？

3FENZHONG
GAODING
DUIFANG

示弱是明哲保身的绝学

“示弱”，就是放低位置，降低姿态，在他人面前谦虚谨慎。懂得示弱，学会示弱，有利于我们的人生之路走得更好、更远。

示弱有时还是一种品质，一种艺术。“示弱”并不说明一个人不是强者。生活中那些甘愿示弱的人，虽然处处谦虚谨慎，总是为他人考虑，但这并不代表他真的是一个弱者，而恰恰说明他已悟到了做人的真谛。应该说，这样的人，才是真正的强者。

有人问哲学家说：“从地到天究竟有多高？”

哲学家回答道：“二尺高。”

“为什么这么低呢？我们人不是都长得至少有四、五、六尺高吗？”

哲学家答：“所以，凡是超过三尺高的人身，要立足于天地间，就要懂得低头。”

所谓“低头是稻穗，昂首系莠稗”，越成熟的稻穗，垂得越低，只有坏稗麦头才抬得高高的。

汉代名将韩信，未成名前，有次走在淮阴的路上，有个不良少年看他不顺眼说：“你看起来挺神气，不过，只是中看不中用。有气魄的话，你就来杀我；不敢，就从我的胯下爬过去。”韩信忍一时之气，从不良少年的胯下爬过。他的低姿态，后来为他立了不少战功。

要敢于低头示弱，面对别人的批评，我们要勇敢地承担责任，接受教训；面对强大的敌人和困难，我们同样需要避其锋芒，保存实力，积蓄力量。

所以说，学会示弱是一种理智，是一种涵养；学会示弱是一种心德，是一种成熟；学会示弱是一种追求的韧性，是一种明哲保身的绝学。一个追求更大成功的人，不会在意忍受小的失败和牺牲。

有这样一道脑筋急转弯题：飞机在高空中盘旋，目标紧紧咬住装载紧急救援物资的卡车，就在这危急时刻，前面出现了一个桥洞，且洞口低于车高几厘米，问卡车如何巧妙地穿过桥洞。

答案是把车的轮胎放掉一部分气即可。这样的问题，在生活中我们经常遇到。开始时不是一筹莫展，搞得焦头烂额，就是硬往前撞，管它三七二十一，死了也悲壮。这固然表明一个人有勇气和自信，但往往会适得其反，事情会扯不清、理更乱。毫无价值的牺牲，最终受害的是自己。随着“吃堑”的增多，也长了些许的“智”，在每逢遇到类似的难题时，就应该给车胎放一点气——低一低头，示一示弱。

学会示弱，让人看到自身的渺小，从而以谦诚之心做人处事。在这里，示弱是为了昂首。示弱处事，昂首做人。人不怕示弱，怕的是低下去抬不起。人不怕被别人看低，怕的恰恰是人家把你看高了。看低了，你可以寻找机会全面展示自己的才华，让别人一次又一次地对你“刮目相看”；而看高了，你就很难再有周旋的余地，甚至还会让别人一次又一次地对你感到失望。

生活不可能一帆风顺，因此，学会示弱才能取长补短，更上一层楼。这是我们每个人一生必须学会去做的事。

示弱是一种充满禅机的智慧，是明哲保身的绝学。卡耐基先生在《人性的弱点》一书中写道，与别人建立友好关系的第一个小窍门就是请别人帮你一个忙。接受别人的帮助，可以让施助者赢得心理上的满足感与优越感，从而不会与受助者之间产生隔阂。因此，面对不比我们强的人的时候，我们不妨选择示弱一次，这不仅仅是对别人的尊重，也是建立友谊的关键一步。这样的示弱就是一种禅机、一种智慧。

示弱是一种积极的人生态度。示弱，不是表现为在困难面前的退缩，也不是表现在挫折面前的消沉，更多的是表现为一种谦逊的人生态度。胜不骄败不馁的古训我们早已烂熟于心，那些获得一点成功就耀武扬威的主儿，除了让人感觉傲慢无知，还会让人觉得低俗和鄙薄。相反，那些取得成功而不张扬不炫耀的人，总能让我们记住他的稳重与高尚。在成功面前，我们示弱，不骄横，不傲慢，继续付出，踏实前进，从而实现新的跨越，并赢得人们更大的尊重。这样的示弱便是一种积极的人生态度。

示弱是一种潇潇洒洒的超脱。生活中，有时难免会与他人发生矛盾和争执。如果一味地逞强，只会使矛盾激化，使争执升级。这时候，我们也有必要示弱一下，这种示弱表现为对争执的不屑或者对他人错误的一笑了之。如此一来，再激烈的矛盾，再激烈的争执也会被化解掉。此时的示弱，并不表示我们是弱者，恰恰相反，沉默与宽容是对无理的最有力的还击。“退一步海阔天高”，这样的示弱是一种忍让，是一种肚量，更是一种洒脱。

生活的过程，有时就是示弱的过程，这种示弱让我们学会弯腰低头，能屈者才能“伸”，能委屈者才能“全”。示弱包含的人生哲理，值得细细体味。

没必要总在面子上栽跟头

有的人在和人交谈时，时常把它看成是一种竞赛，一定要分出个高下。事实上，如果你常在他人的话里寻找漏洞，常为某些细节与他人争论不休，或常纠正他人的错误，借以向人炫耀自己的知识渊博、伶牙俐齿，这样的你一定会给人留下深刻的印象，不过那是不好的印象。

在人际交往中，如果是抱着上述这种心态，为了面子，为了占所谓的上风，最后吃苦的必然是自己，说到底，过于好面子的心理会让人在面子上栽跟头。这些人往往忽略了沟通的技巧，因为他们把交谈当成了辩论，一定要占据上风，在口头上胜出，认为自己说的都对，直到别人哑口无言，洋洋得意地觉得自己是赢了，占据了主动权。殊不知，在他产生这种想法的时候，就已经为了面子而栽了跟头。

所以，为了与他人有更好的沟通，这种竞赛式的谈话方式必须被舍弃，取而代之的是采用一种随性、不具侵略性的谈话方式。这样，当你在表达意见时，别人就比较容易听进去，就不会产生排斥感。记住，在人际交往中，并不是占了点小上风的人就是胜利者。为了所谓的面子而让对方心生厌恶，再也不想跟这样的人交往，这才是最失败的。

平时人们对交际对象的评价，并不是像人事部门那样依据业绩材料或人事档案，也不像年终工作考核那样借助量化指标考评分数，而是凭对一个人较直接的感觉。我们这里所说的感觉，是指人们在交际中对来自交际对象的某种信息的一种直觉的心理过程。如亲近感、愉悦感、呵护感、恐怖感、厌恶感等，都属于交际感觉的范畴。

你感觉这个人好，便倾心与之交往，你感觉这个人糟，便设法予以防备或躲避——感觉就是这么简单。如果某人对你的感觉特别好，那么他一定乐于与你交往；反之，倘若人家对你没有好感觉，也就谈不上主动与你交往了。即使双方不得不发生交际行为，对方也会敷衍塞责，而绝不会轻易打开心扉容纳你。由此看来，给对方一个好感觉，让对方乐于与你交往，对提高交际质量是再重要不过的了。那么，我们如何做才能给对方带来好感觉呢？

甘坐下位，让谦虚感染人。

你可能在年龄、地位、才能、经济状况等某一方面比对方略优一筹，这是很好的交际优势。但我们若在支出这一资本时不费思量，在交际中胡乱使用交际优势，便会给交际带来障碍。

在人际交往中，不以自身的交际优势自居，而时时处处表现出谦虚恭谨的美德，把自己放在与对方对等的位置，甚至甘愿坐下手位，这样势必会博得对方的敬重，赢得对方的好感。相反，一味冒尖儿，抢上风，占尽先机而后快的做法，往往为人们所不齿。为了给对方以谦虚感，使你的交际更有益利，请不妨这样做：

- 不必在乎开会时你的位置在主席台上排第几。实际上，赢得的地位比派生的地位含金量更高。因此，越在乎主席台上的位置，在群众的心目中越没位置。
- 在下属面前不要派头，不摆架子，和下属一道工作时最好让外人看不出你是上司。
- 见了你认识的人或是认识你的人，要先打声招呼为好。
- 评功摆好，应该以讲别人为主，不宜突出自己。
- 有了突出成绩，也不要在人前趾高气扬。

弱化竞争，以合作结交人。

在当前的社会转型期，市场经济条件下的竞争已呈现在社会的每个角落，特别是同行业、同单位内部的人之间的竞争，其结果往往与人们的生存质量息息相关，深刻地影响着同仁的心理。我们应该看到，一味地竞争，杀机四伏，着实会使人草木皆兵，给人际交往带来重重障碍。因此，为了能更好地交际，除了使竞争规范有序之外。我们还应以自己的实际行动和同事加强合作，进而弱化竞争；给同仁带来安全感。只有这样，人们才愿意结交你，才愿意和你一道工作。这是优化交际环境，提高交际质量的根本策略。合作的方法与形式不一而足，不能一一枚举，现大致说几条宽泛提示于下，供大家参考：

- 尽力做幕后英雄，帮助别人显山露水。
- 唱主角不独裁，唱配角不争权，一切为了唱好戏。

●不为一得之功而挫败对方，要照顾长远。

●瞄准别人不愿做或是做不来的工作做下去，直到做出成绩，避免和大家同挤一条道。

●同是卖瓜人，绝不讲别人的瓜苦。

●不管是商品还是人格，都不能为讨好顾客而大削价，特别是后者。

●积极为同事取得优异成绩创造条件，提供方便，甘当人梯。

●见荣誉不争不抢，事实上，你争来抢来了荣誉，并不等于就真的有了荣誉。

●远离嫉妒，千万不要因为别人得了第一而痛不欲生。

善于理解，以宽容对待人。

当对方表现出某种优秀品质时，你对对方抱以好感不是件难事，但对方的缺点和不足总会不可避免地暴露在你面前，这个时候，你要是依旧能以理解和宽容的心态来对待，就很需要些涵养了。

给上司以宽容，给同事以宽容，给朋友或家人以宽容，其目的并不在于它可以向人展示自身的大度，而在于能够主动处理好与对方的心理关系，缩短心理距离，从而创造出更适于交际的心理环境。如果你对对方太挑剔，要求大苛刻，只纳其长，不容其短，那就不好了，你必然会因为拉大与对方的心理距离而成为交际场上的孤家寡人。

但宽容又不同于放纵，不同于迁就。宽容能使人在融洽的情境中克服缺点，取得进步，而放纵和迁就则会使缺点无休止地重复和延续，使人停滞不前，给人带来危害。为了给别人留下好感觉，当别人有缺点时，在无关大原则的情况下，你可以用下面的提示予人宽容：

●有人不小心把你的水杯之类的物件搞坏了，你不要埋怨，而应对他说："旧的不去，新的不来。这东西用了十多年了，早该换新的了。"

●饭菜不顺口，你应该想到不是别人的手艺不好，而是自己没胃口。

●有人对你没礼貌，你可以对他说："没关系，我当然不会计较你，因为不是外人。跟外人可千万不要这样啊。"

●假如下属越权或是办错了一些事，又没造成多大不好的影响，你可亲切地告诉他下不为例。

●有人在背后讲你的"缺点"，你别怨别人的品行不好，谁都应该有聊闲天的权利。

放下面子，就能放下很多无用的虚荣，才会走得更轻松，更踏实。没必要为了面子，为了给别人看起来光鲜而去争那份虚荣。真实地生活，你会得到更多生活回馈给你的幸福。

低头要有度，不卑不亢赢尊重

我们前面说到在人际交往中要学会示弱，不能太争强好胜，凡事都想占据上风。学会弯腰低头，才能够明哲保身。需要注意的是，学会低头示弱并不等于奴颜婢膝，不卑不亢的态度才会赢得他人的尊重。不卑不亢、充满自信是与他人交往的基本态度。不卑不亢是谦和、自信的表现。谦和才能赢得别人的好感，而自信才能办成大事、解决难题。

不卑，就是不卑躬屈膝。做出一副讨好、巴结的样子，这是有损人格的。不亢，就是不自傲，不以老大自居。盛气凌人，自视比别人高出一筹，必然会引起别人反感。不论找什么人办事，不论对方的地位高低，资历深浅，条件优劣，学识深浅，都要奉行不卑不亢，热情谦让的准则。只有不卑不亢才能够得到他人的尊重。

褚衰是东晋时有名的大将。有一次，他乘船送客去浙江，夜晚投宿在钱塘县的驿亭中。当时，钱塘县令沈充也正好送客过江，来到驿亭。亭吏不知道褚衰的身份，为了接待县令，就把褚衰赶了出来。出门在外就得受委屈，褚衰心里有数，犯不着与亭吏过不去，于是褚衰悄悄卷起行李到江边的牛屋住下。

不久，钱塘潮水涨起，县令沈充观潮来到此处，远远望见牛屋下竟住着人，感到非常惊奇，忙问亭吏是谁。亭吏不敢隐瞒，回答说："昨天有一个北方人来投宿，因为老爷驾到，所以把他暂时安置在那儿住。"

沈充当时微微有些醉意，所以想开个玩笑，他叫道："喂，北方佬，过来吧！快快报上你的姓名，我可以给你一些饼子吃呢！"当时，当官的对平民百姓无礼是常事，但如果是宦官侮辱外戚，文官蔑视武将，那就不一样了，一般是会生出风波来的，有时互不相让，甚至一直闹到皇帝那里。

褚衰是有名的大将，受到别人的轻视嘲弄，心里有点不大高兴。他心里想：上梁不正下梁歪，有什么样的领导，就有什么样的下属，瞧瞧这个县令无礼的样子，也难怪会有亭吏这样的恶吏了。生气归生气，他还是彬彬有礼地回答："我是河南的褚裒。"一下子把沈充镇住了。

沈充早就知道褚裒的大名，现在把褚裒得罪了，很希望对方能责备那个该死的亭吏和自己一顿，自己才好趁机下那难堪的台阶。但褚裒站在一旁不开口，根本不提被驱赶的事情。沈充要鞭挞亭吏也被他制止了。于是沈充只好吩咐杀鸡宰羊，备妥丰富的酒宴款待褚裒，请褚裒赏脸。褚裒也丝毫没有架子，爽快地答应下来了，和知县把酒言欢。大家对于褚裒不卑不亢的风度都赞不绝口。

在现实生活中，有些人之所以在社交圈里"人气"不旺，其中有很大一部分原因就在于他们不自信，心理素质不过硬。有的人一见到强大的对手就怯场、自卑，而遇到地位比自己低的人又容易骄傲自负。要想更好地为人处世，就要跳出这些心理陷阱，正确地看待自己，做到不卑不亢。在处世的过程中，态度不卑不亢，会使人们对你产生与众不同的感觉，从而刮目相看。这样别人才会尊重你，办起事来也就水到渠成了。

在《左传》中记载了这样一个故事：僖公十五年，秦国和晋国在韩地交战，结果秦军大获全胜，并俘获晋惠公。秦国考虑到将来两国的关系，答应议和，于是晋派阴饴甥前来谈判。

秦伯说："晋国意见一致吗？"阴饴甥答道："哪里会一致呢？小人们以失去自己的君主为耻，为自己的亲属伤亡而痛苦，这些人不怕征税修治甲兵的困难而拥立太子圉为国君，声称宁肯屈事戎、狄之国，也一定要报秦国之仇。而君子们爱戴他们的君主，又明白他的罪过，他们不怕征税修治甲兵的困难而等待秦国的命令，说宁死也不生二心，一定要报答秦国的恩德。因此不和睦。"

秦伯道："晋国认为他们的君王的前途会怎么样？"阴饴甥答道："小人们悲观失望，认为他不会被赦免；君子们相信秦国会宽恕，认为他一定会回国。小人们说：我们加害过秦国，秦国岂能放国君回来？君子们说：我们已经知道自己的罪过了，秦国一定会放还国君。有二心的就逮捕他，认罪了就放过他，没有什么恩德比这更宽厚了，没有比这更威严的刑罚了。服罪的人怀念秦国的恩德，有二心的人畏惧刑罚。通过这一次战争，秦国可以做诸侯的盟主了。假如秦国扣留我们的国君而不让他君位安定，废弃他而不立他为国君，就会把感恩报德的人变成怨恨的人，秦国不会这样做的。"

秦伯听了阴饴甥的一席话，说道："这就是我的想法啊！"于是改用诸侯之礼对待晋侯，让他住进客馆，赠送给他牛、羊、猪各七头。

阴饴甥作为战败国的使臣出使强秦，表现得不卑不亢，以小人和君子设喻，一面表示"必报仇"，一面表示"必报德"；一面表示为君王的前途担心，一面表示对秦国寄予厚望。软硬兼施，既表现了晋国敢于抗秦的决心，又很好地表现了愿与秦国和好的意愿。阴饴甥这种态度终于打动了秦王，最终放回了晋王。

不卑不亢来源于对自己的一种自信，只有先相信自己，别人才会相信你。只有充满了信心，才会做到不卑不亢。所以，要做到不卑不亢，关键是要摆正自己的心态。具体可以参与以下几点：

● 经常保持挺胸抬头的姿势。

人的姿势与人的内心体验是相适应的，姿势的表现可以与内心的体验相互促进。一个人越有信心、越有力量，他的精神面貌就越是生机勃勃。成功的人、得意的人、获得胜利的人都会意气风发。一个人越没有力量、越自卑就越无精打采。学会自然地昂首挺胸，就会有利于增强自信。

● 主动与人交往。

在与人微笑的问候中，双方都能感受到人际交往的乐趣和人与人之间的温暖。这种温暖和真情会使人充满自信和力量，对未来充满信心。

● 经常对自己说"我能行"。

每次对自己说的时候要果断，并且要反复地说，特别是遇到困难的时候，更要用它来鼓励自己。经常地强化训练能使你通过积极的自我暗示，逐渐树立信心，获得心理力量。

不卑不亢是我们为人处事的最佳态度。不卑，可以不惹人怜；不亢，可以不招人妒。不卑不亢是一种境界，一种心平气和的境界，一种高深莫测境界，一种做人的最高境界。

暴露你的“缺点”，短板变长板

在大多数人的观念中，人们是很忌讳“家丑外扬”的。而实际上，表现得完美无可指摘的人，会让大家对他产生距离感。“人无完人”，大家会想，他的完美可能是在遮盖自身的缺点，这样的人不真实。而敢于暴露缺点，会让对方感觉到你的真诚，会愿意和这样的人交往。

有时，敢于暴露“缺点”，会出奇制胜，把短板变成长板。在商品经营中，“王婆卖瓜，自卖自夸”，绝大部分经营者都是广泛宣传自己的产品如何如何好。久而久之，人们对此便感到厌烦，以致出现怀疑和不信任感。“家丑外扬”则恰恰相反，经营者设身处地地站在消费者的立场上，披露产品存在的问题，以诚待客，以心换心，在人们心目中树立诚实的企业形象，以此换来顾客对产品的信任和青睐，扩大市场占有率。

一天，美国亨利食品加工工业公司总经理亨利·霍金斯先生从产品的化验鉴定报告单上发现，他们生产的产品在食品配方中起保鲜作用的添加剂有毒。虽然毒性不大，但长期服用对身体有害。他知道，其他食品公司也使用这种有毒的添加剂。他想，如果从维护公众利益的角度把此事公布于众，一定会引起同行们的强烈反对，他们也一定会联合起来整治他，他的业务肯定会受到很大损失。但在与这些同行的斗争中，他的知名度肯定会大大提高，同时也会得到公众的支持，从而有利于公司的发展和长远利益。

于是，在一次新闻发布会上，他毅然向社会宣布：防腐剂有毒，对身体有害。公众为之震动，赞誉他的诚实。可是，这一举动得罪了从事食品加工的老板们。他们联合起来，用一切手段对亨利进行攻击，指责他别有用心，想破坏别人的生意。他们共同抵制亨利公司的产品，使亨利公司的经营到了濒临倒闭的边缘。就在他近于倾家荡产之时，名声却家喻户晓，并得到了政府和社会的支持，他们公司的产品一下子成了人们用着放心的热门货，供不应求。濒临倒闭的亨利，在很短的时间内就恢复了元气，经营规模比以前最兴旺时还扩大了两倍。在这个基础上继续发展，他的公司后来一度成为美国食品加工业中最大的公司。

所谓的缺点，可能换个角度，或者在其他事情上就变成了优点。有句话叫，最大的优势就是最大的劣势。优缺点也是这样，所以，不用试图去追求完美的自我，只要显示出真实的自己，反倒会在不经意间，利用“缺点”取得奇效。

这是一个发生在日本的故事：一个五音不全的先生，竟以唱歌大受欢迎。每逢大家聚会时，他必然会被众多的掌声请上台。他完全无法拒绝大家的热情，只好每次都唱同一首歌，那就是被同事们昵称为“阿滨”的渡边先生。

阿滨很聪明，每当别人要求他唱歌时，他总会巧妙地利用自己的五音不全，唱起美空云雀小姐的歌——五月的天空。不可思议的是，只要阿滨的这首歌一唱出来，其他的美妙旋律都会因而失色，完全不能与阿滨的歌声抗衡。

同事们在要求他唱歌时，一定会很整齐地用一首广告歌的旋律唱着：

“五音不全的渡边，唱首歌吧！虽然唱得很烂，让人听了头痛，还是请你唱首歌吧。”

千呼万唤之后，阿滨带着一脸的笑容走出来了。他用右手中指推推那落伍的大黑眼镜后，以立正的姿势，开口唱出：“五月的天空，太阳又上升……”

他总是那么认真，正正经经地唱着这首一成不变的歌，不管走到哪里都是这首，而且总是固定地慢半拍。当他开始唱“五月的……”时，速度还算正常，等唱到“天空……”就很奇妙地慢了下来。阿滨既不害羞，也不恐惧，仍然以他那认真的表情，继续唱下去。

听他唱歌的人，几乎都笑弯了腰。在大家笑得快喘不过气来的时候，阿滨仍然继续唱着：“太阳……又上升……”大家听到这里，更忍不住笑得前仰后合。

不过，大家的笑声中，绝没有一丝轻蔑，因为个性温和的阿滨，缓和了会场中稍嫌僵硬的气氛。他不像一些自以为很会唱歌的人那样在台上炫耀自己的优点，相反，他是以另一种风格来为大家制造欢乐。听了他的歌以后，让人觉得血液畅通，神清气爽，这“五音不全”的魅力还真大呢。

和唱歌一样，人们做事或本身的条件，一般总会有这样那样的不足，只要我们善于发挥自己的缺点，它便会成为我们的特点，而不会被人瞧不起。

总之，有点小缺陷没什么大不了，没必要有自卑感。拿出勇气自然处之，便会变弱为强，甚至受到大家的喜欢。

比如，有的人因普通话不标准而有些自卑。其实这也是我们应该多加发挥的短处之一。如果能够在言谈中保留故乡话的人情味，而同时又能用理性的共通语来和人交谈，撷取两种语言的优点，不失为一种理想的方法。

一般来说，生于不同地方的人，需要共通语来沟通，而如果在来自同一地方的人的集会或本地的机关、企业中，大家明知道是同乡，却还要用不成熟的共通语，那就很让人扫兴了。因为人们在制造共通语时，原本就没有考虑到亲切的特性，所以，它并不会给人什么温暖的感觉。对于这种反效果，我们应格外注意。另外，在生意上的往来、各地区的说明会、招待外来宾客等情形时，如果能巧妙地活用故乡语言，也会增加彼此间的亲切感。

所以，只要排除自卑感，敢于暴露缺点，让大家感受到你真实、丰富、饱满的个性，没准缺点反倒成为你在社交场合最有利的标签呢。

胸中有忍字，路途才平坦

忍让、容纳之勇，是勇的辩证哲学的一个层面。忍让不是懦弱，它是一种宽容的气度和心胸，是成就大事业必须具备的品质。在现实生活与工作中，无时无刻不需要大肚能忍、大肚能容的气量。面对想要发作的脾气，我们需要忍；面对不耐烦的性子，我们需要忍；面对困顿不顺，我们需要忍；面对顺境的欲望膨胀，我们还需要忍。事实上，能够处处做到忍，才是大勇。

有一位年轻人毕业后被分配到一个海上油田钻井队工作。在海上工作的第一天，领班要求他在限定的时间内登上几十米高的钻井架，把一个包装好的漂亮盒子拿给在井架顶层的主管。年轻人抱着盒子，满头大汗地登上顶层，把盒子交给主管时，主管只在盒子上面签下自己的名字，又让他送回去。于是，他又快步走下舷梯，把盒子交给领班，而领班也是同样在盒子上面签下自己的名字，让他再次送给主管。

年轻人看了看领班，犹豫了片刻，又转身登上舷梯。主管和上次一样，只是在盒子上签下名字，又让他把盒子送下去。年轻人擦了擦脸上的汗水，转身走下舷梯，把盒子送下来，可是，领班还是在签完字以后让他再送上去。

年轻人开始感到愤怒了。他尽力忍着不发作，擦了擦满脸的汗水，抬头看着那已经爬上爬下数次的舷梯，抱起盒子，步履艰难地往上爬。当他上到顶层时，浑身上下都被汗水浸透了，汗水顺着脸颊往下淌。他第三次把盒子递给主管，主管看着他，慢条斯理地说："把盒子打开。"

年轻人撕开盒子外面的包装纸，打开盒子——里面是两个玻璃罐：一罐是咖啡，另一罐是咖啡伴侣。年轻人终于无法克制心头的怒火，把愤怒的目光射向主管。主管又对他说："把咖啡冲上。"此时，年轻人再也忍不住了，"啪"地一声把盒子扔在地上，说："我不干了。"说完，他看看扔倒在地上的盒子，感到心里痛快了许多，刚才的愤怒发泄了出来。

这时，主管站起身来，直视他说："你可以走了。不过，看在你上来三次的分上我可以告诉你，刚才让你做的这些叫作'承受极限训练'，因为我们在海上作业，随时会遇到危险，这就要求队员们有极强的承受力，能承受各种危险的考验，只有这样才能成功地完成海上作业任务。很可惜，前面三次你都通过了，只差这最后的一点点，你没有喝到你冲的甜咖啡。现在，你可以走了。”

忍耐，大多数时候是痛苦的，因为忍耐压抑了人性。但是，成功往往就是在你忍耐了常人所无法承受的痛苦之后，才出现在你面前的。所以，千万不要只差那么一点点就放弃了。忍耐是人的一种意志，忍耐是人的一种品质，忍耐反映出来的是人的修养。一个有修养的人，必定具备忍耐的意志和品质。

我们经常听到这样的说法——“我的忍耐是有限度的”。实际上，这个限度，不仅是一个人忍耐的程度，也是他成就的程度，福分的程度。“量大福大”，此言不虚。

受中国传统文化影响颇深的日本企业，经常在儒家和道家的思想中汲取经营智慧。日本的松下幸之助创造的“水库哲学”（即企业要蓄势，只有蓄势才能有冲击力）就源于老子的水哲学。

日本厚生化学公司倡导“3S精神”：第一个S是Service，强调为客户的服务精神。第二个S是Speed，意指企业如水蓄势般形成强大的势头疾速而行。第三个S是Superiority，指追求卓越的进取精神。其中，第二个S即Speed，主要指“积水”，出自“胜者之战民也，若决积水于千仞之山者，形也”，意指胜利者之用兵作战，就像决开千仞之高的山涧积水一样，充满磅礴的力量。厚生化学的“积水”之说与松下幸之助的“水库哲学”具有异曲同工之妙。厚生化学的总经理曾说，他深爱“积水”一词，并曾有意给公司取名为“积水产业股份有限公司”。

忍耐的过程，就是“积水”的过程，当然也是蓄势的过程。积蓄到一定程度，厚积薄发，以后的路途才会平坦。如果吃不得一点亏，凡事都斤斤计较，都要占上风，争个你死我活，试想，这样的人最后能成为胜者吗？

有这样一个给予人启迪的小故事：

在一次酒会上，一个女政敌高举酒杯走向邱吉尔，并指了指邱吉尔的酒杯，说：“我恨你，如果我是您的夫人，我一定会在您的酒杯里投毒。”显然，这是一句满怀仇恨的挑衅。但邱吉尔笑了笑，友好地说：“您放心，如果我是您的先生，我一定把它一饮而尽。”

这样从容不迫的回答表现了一种极宽容豁达的大政治家的风范。忍让说起来简单，可做起来并不容易。因为任何忍让都是要付出代价的，甚至是痛苦的代价。我们每个人都应该理智、冷静、稳重，遇事要三思而后言，三思而后行。在采取某种重大行动之前，必须反复告诫自己：千万别感情用事。人贵有自知之明。须知太阳不是为我而升起的，地球不是为我而转动的，哪个人都不是必不可少的，都不是时时刻刻正确的。须知合理、适当、理智地让步，这样，必将有助于矛盾的消除和事情的解决。

一个懂得忍让和宽容的人会拥有很多朋友，而这些朋友就是他财富的一部分。常用忍让的态度对待事业、家庭和朋友，这些关系才会长久。在工作中，忍让能带来成长，壮大；如果朋友之间没有忍让，友谊就不会存在。家庭生活更是如此，总是为小事计较不已，爱情会渐渐消失，又岂能执子之手与子偕老？真正的忍让是真诚的、自然的——忍让意味着你有良好的心理素质。学会忍让不仅有益于身心健康，且对赢得友谊，保持家庭和睦、婚姻美满，乃至事业的成功，都是必要的。因此，在日常生活中，无论对子女、对配偶、对老人、对学生、对领导、对同事、对顾客、对病人……我们都要有着一颗忍让的心。

在短暂的生命里程中，学会忍让，意味着你的人生更加快乐。多一些忍让，也就多了一份理解，多了一份信任，多了一份友爱。愿你我的胸怀像大海，无所不容，心宽如站在云端，路途才会更平坦。

面对流言蜚语，做到从容处理

流言是社会的怪胎，却又无处不在，它把每一个人席卷其中：言者捕风捉影、信口开河；传者人云亦云、添油加醋；闻者半信半疑、真伪难辨；被害者莫名其妙、有口难辩。

莉娜一直以来都是大家公认的美女。读书时期，因为她的美貌，无论学校有什么庆祝活动，她总是负责礼仪方面的第一人选。读大学了，身边的追求者就没断过。在大家的印象里，同学中最早结婚的非她莫属。但奇怪的是，29岁的莉娜至今还是独身一个。并不是她要求特别高，她只希望能找到一个最适合自己的。

工作后，莉娜没有想到的是，这独身的状态，居然成了职场流言蜚语攻击的突破口。

莉娜在一家企业的公关部任职。她工作积极努力，但令人苦恼的是，积极的工作态度却得不到大家的认可，同是一个部门的两个女孩总是对她有意见，有意见当面说还罢，可恼的是同事根本不直面来说，而是在背后打她的小报告，说她的坏话。有的说莉娜工作积极是在老板面前卖乖，想借此升职；有的说莉娜这么拼命，最终目的是想当公司的“老板娘”；还有的居然能详细地道出莉娜跟公司的老总约会的“一箩筐私情”。

莉娜在不同的场合都听到过她们的议论。刚开始的时候，她并不以为意，认为过段时间大家自然地就不再议论了。但没有想到，过了一段时间，她们的议论更加变本加厉了，而且胆子也越来越大，有时被莉娜当面听到，也照说不误。

这样的事情让莉娜很是苦恼，曾想过以其人之道还之其人之身，但最终还是没那样做。到现在，莉娜还活在小报告的阴影中不能自拔。

如果处在莉娜的位置，你会怎么处理呢？是任凭它传播还是想办法制止？对大部分人来说，听到关于自己的流言，心中都会极为愤慨，有些人甚至径直去找“肇事者”大吵一架而后快。可这样处理的结果通常是两败俱伤，更是会闹得沸沸扬扬。

面对流言，首先不宜烦恼，更不要暴怒，而应开心才是。要知道，已知的谣言总比那些未知的谣言好对付，这至少证明你还很有重量，存在制造谣言的价值，被抬举成议论的中心还能颇有嚼头。

现代社会中的现代组织，人与人之间的关系越来越错综复杂，彼此的利益争斗达到了一种近乎可怕的程度，每个人都在其中。要想完全脱身，置身于一切流言之外是不可能的。事实上，几乎很少有人能一生都不曾被人造谣中伤过，但我们必须明白，嘴长在别人脸上，但耳朵在自己身上，完全有可能让它去少听少传，喜欢的就听一点，不喜欢听的就应当发挥耳朵的作用，这个耳朵进、那个耳朵出，或者练得近乎刀枪不入，谁爱怎么说就怎么说，我看你怎么演戏，以一种旁观者的态度来处理这些流言蜚语。当然，要做到这一步，需要有相当大的智慧和肚量。

有的人善于制造流言蜚语，发起事端，攻击他人，以满足自己的虚荣心或复仇心理，结果搬起石头砸了自己的脚。对被伤害的一方，则给学习、生活带来阻力和灾难，严重的还会发生悲剧。流言止于智者，要从容面对和平息那些空穴来风的流言，有几个方法可供参考。

● 要善于克制自己。当听到有关自己的流言蜚语时，很自然地会产生一系列强烈的情绪反应，打破原来的心理平衡。因此，要尽量避免在这时马上采取行动。你应该等心里的风暴过去以后，再作下一步打算。面对流言蜚语的传播者，如果你一时说不清真相，不妨先回避一下。要知道，不加理会的流言蜚语很快就会平息。

● 疏泄由于流言蜚语引起的消极情绪。疏泄消极情绪有两类方式：一类是听其自然，一类是自我控制。听其自然的方式包括用眼泪来流泄，或独自在心里进行对话，以求得疏导。自我控制的方式是运用自制力把消极情绪转移掉，如听音乐、看滑稽戏、看电影、郊游、画画等。通过这些活动，能使心理平衡得到恢复。

● 不要到处向别人表明自己是“清白无辜”的，这样做等于自己在扩散自己的流言蜚语。当你被误解时，在还未向对方进行澄清之前，最好找一个或几个你最信任的人，讲明事情的真相，共同分析造成误解的原因，然后再找出消除误解的办法。

● 要进行自我检查，消除易被他人成为攻击对象的隐患。一般说来，当你提升到某一重要位置时，当你一夜之间成为名流时，当你触犯了某些人的根本利益时，你都可能成为流言蜚语攻击的“靶子”。对此，既要有思想上的准备，沉着应付从暗处飘出的流言蜚语，又要格外谨慎，搞好人际关系。

● 要学会容忍。对于那些无关紧要的流言蜚语，要采取容忍的态度，不理不睬。容忍为澄清事实真相提供了时间和机会，容忍的效果往往超过力量与愤懑，超过了感情用事。而且，别人说累了，说厌了，口干舌躁，自讨没趣，自然会闭嘴。

总之，要化解流言蜚语，说难也难，说易也易。身正不怕影子斜，时间会证明一切的。很多时候，流言有粘连性，你不理会还好些，你一理会，它也就有了“真正的主人”。不仅消止不了，反倒更“说明问题”。处在被流言蜚语击中的位置，有些人就不自觉地揽言己身，觉得人们不管谈论什么事情，都和自己有关，让自己疑神疑鬼，心神不安。其实，处理这样的问题很简单，流言确如一只好斗的公鸡，只要你蔑视它，不和它硬斗，心里压根不给流言蜚语留有位置，慢慢地，它就没有劲头了。

第五章

公关必懂的礼仪学：礼尚往来，交际之路才越走越宽

在现代社会的处世中，礼仪。一个人有没有处世能力，将直接决定着他在社会生活中能不能成功。这就像种树一样，“播种”是“长出一棵果树”的必要条件。虽然有些种子会腐烂、不发芽，但如果不播种，就绝不会有果树长出来。社交处世也是如此，你的处世礼仪是你人际关系的必要条件。如果你用你的热心、善心经营它，那么，你收获的果实就会更多、更好。

3FENZHONG GAODING DUIFANG

邀请对方的礼仪与禁忌

在一般情况下，邀请有正式与非正式之分。正式的邀请，既要讲究礼仪，又要设法使被邀请者备忘，因此，它多采用书面的形式；非正式的邀请，通常是以口头形式来表现的，相对而言，它要显得随便些。

正式的邀请有请柬邀请、书信邀请、传真邀请、电报邀请、便条邀请等具体形式，它适用于正式的交往中。

正式邀请

在正式邀请的诸形式中，档次最高、也最为各界人士所常用的当属请柬邀请。请柬又称请帖，它一般由正文、封套两部分组成。无论是购买印刷好的成品，还是自行制作，在格式与行文上都应遵守成规。请柬的形状、样式不同，大小也不等，邀请者可根据请柬的内容自行设计。

封面通常讲究采用红色，并标有“请柬”两字。请柬内侧，可以是红色，也可以是其他颜色，但不可用黄色与黑色。在请柬上亲笔书写正文时，应采用钢笔或毛笔，并选用黑色或蓝色的墨水或墨汁。红色、紫色、绿色、黄色以及其他颜色鲜艳的墨水，最好不要使用。

在请柬的行文里，通常必须包括活动形式、活动内容、活动时间、活动地点、活动要求、联络方式以及邀请人等项内容。中文请柬行文不用标点符号，所提到的人名、单位、节日名称等都应用全称。

请柬信封上被邀请人的姓名、职务要书写准确。所举办活动如对服装有要求，应注明是正式服装还是便服。如已排好座次，应在请柬信封下角注明。

请柬一般提前1～2周发出，以便被邀请人及早安排。已经口头约好的活动，补送请柬时，要在请柬的右上方或下方写上备忘字样。需要安排座位的活动，请柬上一般写上“请答复”的字样；如果只需要不出席者答复，则可写上“因故不能出席者请答复”。

关于请柬，这里边也是大有学问的，下面来说说请柬的格式和内容该如何安排。

请柬，俗称请帖，是专为邀请客人而发的书面通知，是一种简易明了的书信。是为了表示对客人的礼貌、尊敬而使用的一种帖式。

现在的请柬，用硬质的卡片纸制作，分封面、内文两部分。

•封面格式

邀请是约请亲友、同事或有关单位、个人前来参加本人或本单位某个礼仪活动或进行会面的商定性通知。

邀请的目的是多种多样的，可以是请人协助，可以是参与某项礼仪活动，可以是商议合作，可以是研讨问题，可以是洽谈生意，也可以是礼貌性的会见、拜访、回访等。

邀请比约会更具礼节性质。一个人或一个单位，要举行某项礼仪活动，应当考虑得更周到、全面。只要是有些关系的，应当尽量邀请到，即使明知对方不能前来，也可以邀请，因为邀请具有礼节意义，用邀请书通知一下对方，也会知道你在举行什么活动，使对方感到你对他的礼貌和尊重，有利于关系的进一步发展。

正中间用大字醒目地写上请柬或请帖二字。字体可用毛笔手写，也可用美术字书写。有的在上端用小字写上活动内容，如XXX纪念会，联欢晚会，生日晚会等。

•内文格式

第一行顶格写被邀请人的姓名和称谓，也可以不写。

中间空两格写活动内容、时间、地点等。

结尾写祝颂语或祈求语。

最后署邀请单位名称或个人的姓名和发出请柬的时间。

•请柬的要求

请柬既然是一种对客人表示礼貌的帖式，所以在制作时，应尽量精致，以表现出郑重的态度，一般要求是：封面注重款式设计，要美观、大方，使客人收到后感到亲切、快乐。

内文的文字，既要准确、简明，又要措辞文雅，感情浓重，语言谦逊、真挚。如果使用文言，一定要弄懂原意。

送请柬不要过早或过晚，免得对方忘记或措手不及。

如果是请人观看演出，应将入场券附上。

非正式邀请

非正式邀请也称作口头邀请，有当面邀请、托人邀请以及打电话邀请等不同形式。它多适用于非正式的接触之中。

口头邀请的方式比较自然，常用于相互比较熟悉的亲朋好友。邀请可以在休息时间或平时的晚上到被邀请者家中亲自邀请，以示郑重。也可打电话邀请，这种方式比较灵活，既可节省时间，又可马上知道对方的意见。

非正式邀请也要说明邀请的时间、地点和活动，真诚表示邀请对方参加。

至于说到邀请对方的禁忌，有两点是需要注意的：

第一，切忌不够真诚，要坦白地告诉对方邀请他来的主要内容，是商务活动，还是小规模的私人聚会。如果是商务邀请，那么一定不要在电话中沟通。此外，不要提到销售、不要提到会议，也不要犹豫不决，要简短明了，告诉对方，邀请主要是为了获得见面的机会。

第二，如果是同时邀请多人，那就要注意，看邀请的对象是否相识，如果相识，就要分开邀请，以免让他们相处而影响心情。而且，邀请的对象不要太多，以免照顾不过来。

了解了这些有关邀请的礼仪和禁忌，就不必再为不知道组织商务会议和家庭聚会发愁了，礼仪上无可挑剔，再加上真诚的邀请，对方还会不欣然参加吗？

接打电话，你一定要从头“礼”到尾

说起接打电话，大家会觉得人人都会，可就是这件被大家认为很容易的小事，如果处理不好，不但能看出个人的“教养”水准，甚至还会有损你所在单位的整体形象。因此，接打电话讲究文明礼仪是我们每个人都应该努力做到的。

先来说说接电话应该注意的事项吧，来看看下面几点，你是不是都了解并且在“贯彻”这些原则呢？

● “铃声不过三 ”原则。

在电话铃声响起后，如果立即拿起，会让对方觉得唐突；但若在响铃超过三声以后再接听，则是缺乏效率的表现，势必给来电者留下公司管理不善、不专业的第一印象，同时也会让对方不耐烦，变得焦急。如果因为客观原因，如电话机不在身边或一时走不开，不能及时接听，就应该在拿起话筒后先向对方表示自己的歉意并做出适当的解释，如“很抱歉，让你久等了”等。

如果是在家里接听电话，尽管没有必要像在单位里那样及时，但尽快去接听也是对对方的尊重，是一个人的基本礼貌。如果铃响五声以上才去接听，也应向对方表示歉意。老朋友之间尽管没有必要做出郑重其事的道歉，但向对方解释一下延误的原因也是必要的。

● 规范的问候语。

在工作场合接听电话时，首先应问候，然后自报家门。对外接待应报出单位名称，若接内线电话应报出部门名称。

比如：“您好，××公司”或“你好，销售部办公室，我是××。”

自报家门是让对方知道有没有打错电话，万一打错电话就可以少费口舌。规范的电话体现的不仅是对对方的尊重，而且也反映出本单位的高效率和严管理。

在家里接电话可以有很多选择，规范一点的可以用：“喂，你好。”问候对方。当然，在家里接听电话与在工作单位接听电话有所不同。在家里，关键是要让对方感到亲切友好，而这种亲切友好主要是通过接听电话的人的语调、语气来体现的，过于规范化的电话反而会让人感觉到“公事公办”的冷淡。

● 要找的人不在或不能接听电话时的处理。这里，特别要注意的是，在询问对方姓名前，先告知他要找的人不在。

● 学会记录并引用对方的名字。

在办公室工作的人员，应该有意识地训练自己的听辨能力。假如对方是老顾客，经常打电话来，一开口就能听出他或她的声音，那么可以用合适的称谓问好：“您好，王经理。”这样一来，会给对方留下特别受到重视的感觉，增强对方对你的好感。

● 接到错误的电话也应该礼貌应对。

接到错打的电话，人们很容易忽略了礼貌问题，甚至很粗鲁，这是因为人们认为错打的电话与自己没有关系。但事实上，并非错打的电话都必定与自己没有关系，有时，对方也恰恰是与自己有重要关系的人。因此，接听电话时，最好每一个电话都讲究礼貌，保持良好的接听态度。

● 应在对方挂电话后再挂电话。

当对方向你说“再见”时，别忘了你也应该说“再见”，并等对方挂了以后再挂电话，最好不要一听到对方说“再见”就马上挂电话，尤其不能在对方一讲完话，还没来得及说“再见”时就把电话挂了。挂电话时，应小心轻放，别让对方听到很响的搁机声。

了解了接电话的礼仪，我们再来看看打电话需要注意哪些方面。

● 确定合适的时间。

当需要打电话时，首先应确定此刻打电话给对方是否合适，也就是说，要考虑此刻对方是否方便听电话。应该选择对方方便的时间打电话，尽量避开在对方忙碌或是休息的时间打电话。一般说来，有几点应该注意：

避开对方的吃饭和休息时间。总的来说，早晨8点以前，晚上10点以后，给对方家里打电话是不合适的，除非有紧急的事。当然，当对方有可能非常忙碌的时候打电话去，也是不合适的。比如，在对方准备出门上班前几分钟打电话，可能会使对方迟到。而且工作上的事情，也尽量不要打电话到家里。

如果是打电话到工作单位，最好不要在星期一一大早打过去，因为，经过一个周末，对方要处理的公务也许会很多。

● 开头很重要。

无论是正式的电话业务，还是一般交往中的不太正式的通话，自报家门都是必需的，这是对对方的尊重。即使是你熟悉的人，也应该主动报出自己的姓名，因为接电话的一方往往不容易通过声音准确无误地确定打电话人的身份。另外，自报家门还包含着另外一层礼仪内涵，那就是，直接将你的身份告诉对方，那么，对方就有是否与你通话的选择权。或者说，有拒绝受话的自由。

而且，在打电话之前，确定打内线或打外线也是很重要的。具体的做法是：

打外线——不认识对方时，应该作详细的自我表现介绍，如："你好，我是××，××公司销售部经理的秘书。"如果你认识对方，而且，你也有个好记性，对方一接听电话时马上就能确定听话人是谁，那么不妨直接说出这个人的名字或正确的称呼。这样，会使对方感到被重视的荣幸。比如，可以这么说："王经理，您好，我是××，××公司销售部经理的秘书。"

打内线——可以有几种方式，如："我是××，王经理的秘书"；"我是销售部的××"；"王先生，你好，我是××。"

● 通话尽量简单扼要。

在做完自我介绍以后，应该简明扼要地说明通话的目的，尽快结束交谈。因为，随意占用对方的电话线路和工作时间是不为对方考虑的失礼行为。在业务通话中，"一个电话最长3分钟"是通行的原则，超过3分钟应改换其他的交流方式。

如果估计这次谈话要涉及的问题较多，时间较长，那么，应在通话前询问对方此时是否方便长谈。如果对方不方便长谈，就应该有礼貌地请对方约定下次的通话时间。

如果明明需要占用一刻钟的时间，却偏偏说："可以占用你几分钟时间吗？"这就很不合适了，应该说："王先生，此次我想和您谈谈分配方案的事宜，时间大约需要一刻钟，您现在方便吗？"

电话是最流行也是最便利的通讯工具，在日常工作中，使用电话的语言很关键，它直接影响着个人甚至是公司的声誉，因而，掌握正确的、礼貌的打电话方法是非常必要的。

上门拜访时的礼仪细节

拜访，是人际交往中的最基本、最常规的形式。朋友一场，就要常来常往。一般而论，最常见的社交形式就是拜会。所谓拜会，就是拜访。我到你家去，你到我家来，这就是拜会。如果是两位50年没见面的老同学见了面，他们彼此之间也会说话，但很可能存在隔膜，没有共同语言。而常来常往的人就不同，连对方家里养了几只小鸟彼此都一清二楚，因而他们之间会有共同语言，会有共同话题。

那么，到亲朋好友家里作客是不是要遵守一定之规呢？答案是肯定的。这个一定之规，我们称为为客之道。那么，对现代人而言，拜访时到底又有哪些为客之道呢？

为客之道最重要的一条，就是客随主便。你到别人家作客，就一定得清楚自己的客人身份。拜访者是以客人的身份到主人家里去，这是一个自身的定位问题。有鉴于此，你就不能让主人感觉到你麻烦，感到有负担或者勉为其难。作客时，一定要注意到互动的问题。作客时的互动最基本的要求，就是客人要以主人的意愿为优先考虑。怎样才能真正地做到为客有方呢？

首先，要有约在先。这是作客的时候首先要考虑的问题。

有约在先，是为客有方的前提。有约在先要是没有做到，就谈不上为客有方了。所谓为客有方，是指我们在拜访他人的时候，一定要提前约定，不能充当不邀而至的不速之客。不要因此而打乱别人的日程和安排，让别人措手不及。每个人的时间都是非常宝贵的，你这样愣头愣脑地撞过去，难免会耽误别人的事情。具体来讲，我们所提倡的有约在先，实际上涉及到以下五个要点。

第一，要约定时间。联络拜访他人的具体事宜时，首先要和对方讲清楚自己到达的时间，同时也要讲清楚自己离去的时间。

第二，要约定地点。现代人的活动范围是很广泛的。与人约会时，除了住宅之外，还有很多地方可去，例如，酒店里的咖啡厅、郊外的私人别墅。

第三，要约定人数。拜访任何人，都必须事先约定具体人数。也就是说清楚有几个人去拜访，这一点非常重要。

第四，要约定主题。时间是宝贵的。一般而言，在拜访他人之前，其主题也应提前予以确定。如果不是很相熟的朋友，最好提前告知为什么而去，是好久没联系了想念，还是籍此机会有事情要谈。

第五，要如约而至。它的含义是，拜访别人时别违约、别爽约，必须准时到达。约会时，有的人倒是到了，却是说好的八点到，结果九点到，浪费了主人一个小时的时间，让人家在那里干等。这样是很不礼貌的，因此，要按照以前约定的时间、地点、人数和主题认真兑现，其中任何一项都不能随便变更。如果变更的话，应尽早通知对方。

其次，要登门有礼。登门拜访。就登门这一环节而言，我们需要注意的是什么呢？这就叫登门有礼。因为你按照约定来了之后，你一定得登堂入室。这是一个很重要的问题。

第一，要预先告知。比如，快到主人家的门前时，要打一个电话向主人确认一下。到了人家家门前时，该敲门就敲门，该按铃就按铃。千万不要推门而入，万一人家在洗澡或更衣，万一人家家里有别的客人，还没有离开，那样大家都会很尴尬，所以需要注意预先通知主人。

第二，要问候致意。登堂入室之初，不要忘记问候他人。站在社交的立场上来讲，需要问候拜访对象及其家人，如果有在场的其他客人，也要问候。

第三，登门之初一些程序上也有其他要求。譬如说，对方要求你脱下外套，你就要按照他说的做。对方需要你更换拖鞋，你也得照做。强调一点，作客的时候，自己所穿的鞋子和袜子不能有味道，还要注意袜子不能有“漏洞”。

有的人家比较讲究，让你把衣帽存在衣帽间里，或者让你把手提包放在某个地方，你都必须一一照办。还有一点要注意，别人邀请你到哪个房间去，你得按照他的线路走。比如说，对方把你往客厅让，你就不能直奔卫生间；别人请你到观景台去看看窗外的湖光山色，你不要不去，否则好像在表示自己什么都见过，人家那里没什么了不起的，会让对方很尴尬。

第四，要限定交际的时间。说好了双方要谈多长时间，就要适可而止，及时撤退。一般来说，拜访的时间宜控制在半个小时之内。

登门拜访是个跟对方进一步接触的好机会，如果表现得好了，会给对方留下好印象，给你的整体印象加分；如果不注意细节，有失礼之处，那就不好了。毕竟，细节也能体现一个人的素质和修养。

出席会议时，选对位置说对话

不管是出席商务会议还是政府会议，这其中都是大有学问的，作为参会者，有两点一定要注意，那就是：坐对的位置，说恰当的话。

首先是要坐对位置，如果主办方之前都安排好了每个人的座次，那就简单了，如果没有安排，那么，就要选对位置，坐自己该坐的位置。

正式会议，通常要事先排定与会者，特别是重要身份者的具体座次。越是重要的会议，它的座次排定越重要。由于工作会议的规模不一样，在具体的座次排定就有所不同。

● 小型会议。

一般指参加者较少、规模不大的会议。全体与会者都应排座，不设立专用的主席台。小型会议的排座，大致有三种形式：

一是自由择座。就是不排定固定的具体座次，而由全体与会者完全自由地选择座位就座。

二是面门设座。一般以面对会议室正门的是会议主席座位。其他的与会者在其两侧自左而右地依次就座。

依景设座。所谓依景设座，是指会议主席的具体位置，不必面对会议室正门，而是应当背依会议室之内的主要景致所在，如字画、讲台等。其他与会者的排座，则略同于前者。

● 大型会议。

一般是指与会者多、规模较大的会议。大型会议在会场上要分设主席台和群众席。主席台要认真排座，群众席座次可排可不排。

主席台排座。大型会场的主席台，一般面对会场主入口，面对群众席。主席台成员的桌上，要放置正反两面的桌签。

主席台排座，具体又分为主席团排座、主持人座席、发言者席位等三个方面。

主席团排座。主席团，是指在主席台上正式就座的全体人员。国内目前排定主席团位次有三个基本规则：一是前排高于后排，二是中央高于两侧，三是左侧高于右侧。

主持人座席。会议主持人（即大会主席）的具体位置在：一是居于前排正中央；二是居于前排的两侧；三是按其具体身份排座，但不应该就座在后排。

发言者席位。发言者席位，又叫做发言席。在正式会议上，发言者发言的时候不宜坐在原处。发言席的常规位置有二：一是主席团的正前方，二是主席台的右前方。

群众席排座。在大型会议上，主席台下的一切座席都是群众席。群众席的排座方式有两种。

一是自由式择座。即不进行统一安排，而由大家各自择位而坐。

二是按单位就座。它指的是与会者在群众席上按单位、部门或者地位、行业就座。它的具体依据，既可以是与会单位、部门的汉字笔划的多少、汉语拼音字母的前后，也可以是其平时约定俗成的序列。按单位就座时，如果分为前排后排，以前排为高，以后排为低；如果分为不同楼层，楼层越高，排序越低。

在同一楼层排座时，又有两种普遍通行的方式：一是以面对主席台为基准，自前往后进行横排，二是以面对主席台为基准，自左而右进行竖排。

那么，如果需要在会议中发言，都要注意什么呢？

● 对于会议的发言者和报告人来讲，发言一定要遵守秩序，如果话筒离自己较远，应精神饱满，以不紧不慢的步子走向话筒。

● 在发言之前，应面带微笑环顾一下会场，如果会场里掌声四起，可适时鼓掌答礼，等掌声静落之后再开始发言。

● 发言或报告一般应使用普通话，并掌握好讲话的节奏。如果会场里交头接耳之声不断，要考虑适当转换话题。

● 会议发言有正式发言和自由发言两种。前者一般是领导报告，后者一般是讨论发言。正式发言者，应衣冠整齐，走上主席台应步态自然，刚劲有力，体现一种成竹在胸、自信自强的风度与气质。发言时应口齿清晰，讲究逻辑，简明扼要。如果是书面发言，要时常抬头扫视一下会场，不能低头读稿，旁若无人。发言完毕，应对听众的倾听表示谢意。

相比之下，自由发言则较随意，应要注意，发言应讲究顺序和秩序，不能争抢发言；发言应简短，观点应明确；与他人有分歧时，应以理服人，态度平和，听从主持人的指挥，不能只顾自己。

如果有会议参加者对发言人提问，应礼貌作答，对不能回答的问题，应机智而礼貌地说明理由，对提问人的批评和意见应认真听取，即使提问者的批评有失偏颇，也不应失态。

●报告结束时，可向会议参加人员表示感谢。

除了注意发言的内容，还要学会调动全身的能量——肢体语言、声音等去增强发言的效果。

例如，你在向人们解释某个问题时，要让你的一只手自然地放在一边，或采用手心向上的动作，这样显得坦白而真诚。发言中，说教式的动作，就是那些指指点点以表示强调、坐在台前交叉握双手、手指撑出一个高塔形状的动作等，这些动作并不能获得信任，只会引起别人的反感。

再比如，无论你讲的主题多么严肃，偶尔的微笑，而不是咧嘴大笑，总能帮助你赢得更多的支持。用眼睛不时有意地环视会场上的每个人，就好像你在对某个人发表演说一样，即使这种环视只不过是飞瞥一两次。你不要回避或鄙视那些诋毁者的眼光，让他们也抬着头看你，这样可以显示你的自信和坦然，甚至可化干戈为玉帛。千万不要摆出双手紧握或双臂交叉胸前的防卫姿势，这些动作只能说明你比较保守。

至于声音，会议发言时，要尽量压低声音，给人以稳重感。语音语调同样不能忽视。女性一般声线较细，声频偏高，这样的声调显得纤细、敏感、不够持重，所以，在整个发言过程中，应尽量采用低沉而有节奏的语调，这样的声音才有说服力。

参加会议不同于家庭聚餐，大家随便坐在一起畅所欲言这样很放松的状态。在参加会议时，一定要坐在你该坐的位置，说话大方得体，如果失礼，不但给众人留下坏印象，还会直接影响你所代表的团队的声誉，如果你对参会的注意事项尚不熟悉，上面列出的这些，可以帮你在会议场合做个会说话、懂礼仪的人。

投其所好，让每份礼都收到回报

送礼的对象多种多样，由于每个人的阅历、爱好不同，所以对物品的喜欢也不尽相同。因此，送礼若想博得对方的“欢心”，就需要了解对方的爱好，“投其所好”，选送给对方钟爱的物品。

例如，给书法爱好者送一套文房四宝——纸、墨、笔、砚或一方名砚；给酷爱垂钓者送一副渔具或一根钓竿；给乒乓球爱好者送一件运动衣或一对乒乓球拍；给喜欢“吞云吐雾”的烟民送一条好烟或一个精制的打火机……

送礼应讲究针对性，因人而异。而在当代，学会送礼物，更是社交达人的“必修课”了。在一个重人情的社会中，很多事情靠公事公办往往办不成。因此，沟通就成了办事的必要环节。要想有个良好的沟通，就应该有所行动，而送礼就是这种行动的最佳表现。如果能投其所好，那就是“攻无不克”了。

清代巨商胡雪岩既善于经商，也善于经营自己的关系网，他的精明之处在于他善于抓住不同人的特点，投其所好。

在胡雪岩的那个时代，要经营势力，离不开银子的作用。胡雪岩深谙此道，自然也从不吝惜银子，甚至到了有“求”必应的地步。比如时任浙江藩司的麟桂调署江宁藩司，临走时在浙江亏空的两万多两银子需要填补，又一时筹不到这笔款项，便找到胡雪岩请他帮助代垫，胡雪岩二话没说便爽快地应承下来，以致麟桂派去和胡雪岩相商的亲信也“感动”不已，称胡雪岩实在是“有肝胆”、“够朋友”，要他一定不要客气，趁麟桂此时还没有卸任，有什么要求尽管提出来，他一定肯帮忙。胡雪岩做的却也实在“漂亮”，他没有提出任何索取回报的具体要求，只是希望麟桂到任之后，如有江宁方面与浙江方面的公款往来，能够指定由他的阜康票号代理。这一点点要求，对于掌管一方财政的藩司来说，自然是不费吹灰之力。事实证明，胡雪岩的投资是有眼光的，也得到了意想不到的收益。

胡雪岩为了与闽浙总督拉上关系，也颇费了一番心思。胡雪岩初次拜见左宗棠时，左宗棠因为听到一些关于胡雪岩与太平军关系的谣言，对他颇有戒备，甚至都不给他让座，很是“凉”了他一把。而胡雪岩最终还是得到了左宗棠的信任，甚至被引为知己，左宗棠由此成为胡雪岩在官场比王有龄更有力量的靠山。后来也就是因为左宗棠的大力举荐，胡雪岩才得到朝廷特赐的红顶子。

在人际交往中要取得他人的信任是很不容易的。胡雪岩取得左宗棠的信任，其实只做了两件事：

第一，献米献钱。胡雪岩回杭州，带到杭州去的有1万石大米和10万两银子。本来这1万石大米有一个名目，那就是当初杭州被围时，胡雪岩与王有龄商量，由胡雪岩冒死出城到上海采购大米以救杭州粮绝之急。胡雪岩购得大米1万石运往杭州，但无法进城，只得将米转道宁波。现在杭州收复，胡雪岩将这1万石大米又运至杭州，且将当初购米款两万银子面交左宗棠，等于是他既回复了公事，以此证明自己并非携款逃命，而又另外无偿献给左宗棠1万石大米。那10万两银子则是胡雪岩为了敦促攻下杭州的官军自我约束，不扰民，而自愿捐赠的犒军饷银。清军打仗，为鼓励士气，有一个不成文的规矩，攻城部队只要攻下一座城池，3日之内只要不破坏军规，就能获得奖赏。胡雪岩献出10万两银子，是要换个秋毫无犯。

第二，主动承担筹饷重担。左宗棠几十万兵马东征镇压太平军，每月需要的饷银达25万之巨。当时朝廷财政支出，用兵打仗采取的是“协饷”的办法，也就是由各省拿出钱来做军队粮饷之用，实际上是各支部队自己想办法筹饷。胡雪岩听到左宗棠谈起筹饷的事，毫不犹豫就表示自己愿意为此尽一份心力，而且当即就为筹集军饷想出了几条很是行之有效的办法。

胡雪岩做的这两件事，的确做到了抓住送礼的关键所在，因而也是一下子达到了自己的目的。所谓抓住了关键，是因为粮食、军饷都是左宗棠此时最着急也最难办的事。杭州刚刚收复，善后是一件大事，而善后工作要取得成效，第一位的是要有粮食。另外，当时镇压太平军，实际是左宗棠与李鸿章协同进行。太平军败局已定，左宗棠当然想争头功，这个时候，粮草军饷也是当务之急，没有粮饷就无法进一步展开攻势。而且，一旦“闹饷”，部队无法约束，也就势成“乌合之众”，还会酿出乱子。

胡雪岩的到来，使这两件让左宗棠头痛的事情一下子就迎刃而解，哪里还有不得他赏识的道理。用左宗棠的话说，解决了这两个问题，不但杭州得救，肃清浙江全境他也有把握了。难怪胡雪岩去拜见他，开始时连座都不让，后来听说运来了粮食，不仅让座而且是升炕，而到了谈及筹饷时，他马上吩咐留饭了。

送礼送到心坎里，说到底也就是对症下药，在坚持原则的前提下投其所好。正如送礼，要送得合适，其中一条重要的原则就是要对方喜欢。而要让对方喜欢，常常也就是送给对方急需的，又一时没有的。比如左宗棠求事功，胡雪岩正好给他送去能使他成就事功所必需的东西。一送之下，也就送出了意想不到的效果。胡雪岩说：“送礼总要送人家求之不得的东西。”可见他是深谙此道的。

当然，这里说的送礼物，不是提倡去行贿，只要送的礼物恰当、轻重合适，是不会触犯法律的。送礼物时投其所好，馈赠者也就会“心想事成”了。

礼可轻，但要让对方感到情意重

唐朝贞观年间，西域回纥国是大唐的藩国。一次，回纥国为了表示对大唐的友好，便派使者缅伯高带了一批奇珍异宝去拜见唐王。在这批贡物中，最珍贵的要数一只罕见的珍禽——白天鹅。

缅伯高最担心的也是这只白天鹅，万一有个三长两短，可怎么交待呢？所以，一路上，他亲自喂水喂食，一刻也不敢怠慢。

这天，缅伯高来到沔阳河边，只见白天鹅伸长脖子，张着嘴巴，吃力地喘息着。缅伯高心中不忍，便打开笼子，把白天鹅带到水边让它喝了个痛快。谁知白天鹅喝足了水，合颈一扇翅膀，“扑喇喇”一声飞上了天。缅伯高向前一扑，只拔下几根羽毛，却没能抓住白天鹅，眼睁睁看着它飞得无影无踪。一时间，缅伯高捧着几根雪白的鹅毛，直愣愣地发呆，脑子里来来回回地想着一个问题：“怎么办？进贡吗？拿什么去见唐太宗呢？回去吗？又怎敢去见回纥国王呢？”思前想后，缅伯高决定继续东行。他拿出一块洁白的绸子，小心翼翼地把鹅毛包好，又在绸子上题了一首诗：“天鹅贡唐朝，山重路更遥。沔阳河失宝，回纥情难抛。上奉唐天子，请罪缅伯高。物轻人意重，千里送鹅毛。”

缅伯高带着珠宝和鹅毛，披星戴月，不辞劳苦，不久就到了长安。唐太宗接见了缅伯高，缅伯高献上鹅毛。唐太宗看了那首诗，又听了缅伯高的诉说，非但没有怪罪他，反而觉得缅伯高忠诚老实，不辱使命，就重重地赏赐了他。

相信这个典故很多人都听说过，也能感受到“千里送鹅毛”的情意之重。的确是这样，送礼贵在情真意切。价格昂贵的物品不一定就是最合适、令人满意的礼品。何况，送礼者往往受自身经济条件的限制，切不可“打肿脸充胖子”。送礼应量力而行，尽可能选择新颖、别致、稀奇的礼品，不落俗套，而不必一味追求贵重的礼品。

英国女王伊丽莎白访问日本时，有一项访问NHK广播电台的安排。当时NHK派出的接待人是该公司的常务董事野村中夫。野村接到这个重大任务后，便收集有关女王的一切资料加以仔细研究，以便在初次见面时能引起女王的注意而给女王留下深刻的印象。

他绞尽脑汁，也没想到好主意，偶然间，他发现女王的爱犬是一种毛狗，于是灵感随之而来。他跑到服装店特制了一件绣有女王爱犬图样的领带。在迎接女王那天，他打上了这条领带。果然，女王一眼便注意到了这条领带，微笑着走过来和他握手。

其实，在商场和人情中"千锤百炼"的职场人，或多或少对礼物都有一种本能的警惕。其实，"礼轻情意重"是送礼的关键：用心准备的礼品能让对方感受到你的诚意，而且还能加深彼此的感情。相反，如果给别人送的礼品太贵重，对方会有"欠债"的感觉，而且还可能会落人口实。一般来说，花点心思为对方准备一份价格不超过200元的礼物就足以表达心意了。

某外企主管安德鲁向记者表示，他不是很喜欢别人送贵重的礼物，甚至对此心怀戒备，收了觉得受人贿赂，所以对于送上的贵重礼物，他一律不收。倒是有些很有心意的小礼物会给他带来惊喜，比如一位员工新年时送他一幅年历，图片都是他在公司出席各种场合的照片，而且每月都有贴心的祝福，这让他觉得很感动。

对于爱美的女士，送的礼物则一定要贴心。在公关公司工作的朱小姐去年为上司准备的圣诞节礼物是一张健身卡。提起这礼物，朱小姐颇为得意。花了500元办的卡，既送了健康也送了美丽。而且，上司注意到卡上指定的健身中心就在自己家附近这一细节时，更为朱小姐的细心而感动。

如果受赠方酷爱藏书，一个别致的书签会让他体会到你的细心；如果她是一个热衷于烹饪的人，别致漂亮的厨房用具会给她带来惊喜。工作之余，如果对方爱打高尔夫球，送他编好号码的高尔夫球就很不错；如果是个热衷慈善事业的人，一张以他名义的慈善捐款单也许会让他高兴。此外，送电影院、歌剧院门票也是不错的选择，因为这些礼物可以给他送去轻松欢乐。

小小的礼品中隐藏着大大的学问，只要花心思去琢磨，注意对方的性别、年龄、喜好等，送去贴心的小礼品，对方是会感受到其中的情意的。

注意语言禁忌，不要做无礼之人

语言是人们进行社会交往、思想交流的工具，同时又是民族文化的一部分，每种不同的文化，都会有自己的语言禁忌。比如说，中西不同的文化背景下，语言禁忌也大有不同，但近些年来，中国受西方思想影响比较深，很多西方忌讳的话题，即便是在都是中国人的交际圈子里，也要避免谈及。

英汉两种语言在这方面的差异较大，这主要是因为在汉民族和讲英语的民族看待事物的观念大相径庭。讲英语的人认为，一个人的家(个人空间)是神圣不可侵犯的，未经允许不得入内，尤其是卧室。而在中国并非如此。例如在北方的农村，请客人“上炕”是对客人的盛情款待。

英美人办公桌上的东西都属于个人所有，外人一般不能随便看，即使一份报纸，也要征得对方的同意才能借来看。在中国人眼里并不如此。因此在与操英语的人谈话时，谈及对方经济、收入、体重、婚姻状况、宗教信仰、政治倾向等涉及个人生活和隐私方面的话题是不得体的。

西方国家的人，一般在社交场合中也忌讳问别人的年龄，尤其是女性的年龄。询问人的年龄，往往会被认为是不懂社交规矩，缺乏修养。可是，在中国社交场合，一般并不忌讳别人问年龄，有的人还特别喜欢询问别人的年龄以表达关切。欧美的许多老人还忌讳别人说他“老人”、“衰老”，而中国人却很少有这种忌讳。

除此，在数词使用中，在西方文化里，忌讳说到“13”。在荷兰，人们用“12号A”代替13号房间。在英国剧院，也找不到13排和13号座位。这种避讳传说与基督最后晚餐桌上犹大（第13者）的出卖耶稣有关。日本禁忌说“4”和“9”， 这与日语“4”的发音同“死”相似，“9”的发音与“苦”相似有关。

跨文化交际的这些语言差异，与不同民族的心理差异，文化价值观的差异，伦理道德观的差异以及地理文化、生活方式、传统观念的差异有密切关系。

中国的语言禁忌也不比西方少，通常来说，禁忌语都是不吉利的语言。

在日常生活中，人们忌讳听到不吉利的凶语，常改用一些中性词代替，这就产生了语言禁忌。比如说，人死了，其家人忌说“死”，要说“老了”、“走了”、“过世了”、“作古了”等；小孩夭亡，也忌说“死”，要说“跑得了”。发生火灾，不能叫失火，要说“走水”。

通常认为，涉及到性器官和性行为的词语是一种亵渎语，说出来有伤大雅，因而都在忌讳之列。比如，在不得不说性器官时，用“下部”、“下身”来代替，就连拉屎撒尿也称为“大便”、“小便”、“解手”、“上厕所”等文明语言。

而在传统节日期间，语言忌讳就会更多一些。如过年蒸饼蒸糕结束时，不能说“完了”、“没有了”，要说“满了”；燃放鞭炮忌说放“炮丈”，要说放“双响”，放“高升”，放焰火叫放“花子”。吃过茶后，不能说“不喝了”，要说“好了”。看见乞丐，不能叫讨饭花子，要称“财神老爷”。若有卖财神画像的来了，即使不想买，也不能说“不要”，只能说“已有了”。民间以为，得罪了财神，神仙便整年都不登门。如果小孩说了冒犯财神的话，大人就说“童言无忌”以解除不祥。

涉及到不同地区，会有一些不同的语言禁忌。如果在跟对方交谈时，能了解到对方的成长背景，再稍加注意，那是最好不过的了。如果了解不到这些信息也没关系，懂得一些普遍的语言禁忌，就不会让别人觉得你是无礼之人。

第六章

屡试不爽的求人妙计：
抓住对方弱点，让他无法说“不”

求人办事，不但要会说话、会办事，更要会猜对方的心思，把准他的“脉”。试想，如果能知道他想什么，还怕求人的时候收不到预期效果吗？打蛇打七寸，求人要抓弱点，“攻击”其软肋。你是不是能很快消除对方对你的疑虑，让他产生信任；是不是能站在对方的立场上考虑，寻求共赢；是不是会用激将法，坐收渔翁之利；是不是能放下面子，说些软话，软磨硬泡；是不是会打“外围攻势”，搞定他身边的人……这些看似简单的道理，却不是谁都能在实际中运用得好的。本章阐述道理，辅以实例，让你更好地学会和运用这些屡试不爽的求人妙计。

主动出击，消除对方疑虑

在求人办事时，取得对方的信任是最重要的。只有对方在信任你的时候，才会正确地、友好地理解你的观点和理由。社会心理学家们认为，信任是人际沟通的“过滤”。只有对方信任你，才会理解你友好的动机。如果对方不信任你，即使你说服他的动机是友好的，也会经过“不信任”的“过滤器”作用而变成其他的东西。因此，在说服他人时，能否取得他人的信任，是非常重要的。

那么，怎样才能取得对方的信任呢？这就要主动出击去表现，让对方看到你的信心和决心。在求人时，有些看起来难以办到的事，由于你的自信主动、尽力争取，结果一举奏效，有些看起来不难办到的事，却由于你过于自卑、过于拘谨、畏首畏尾，结果错失良机，总是一事难成。

所以说，求人的第一课，就是要对自己有信心，要拿出拿破仑“我的字典里没有‘不可能’这个词”的精神，这样才能让你想拜托的那个人消除心中的疑虑，觉得帮你是值得的，能够看到未来的希望。

有一个美国人从十几岁开始就到一家银行贷款，最初是贷50美元，只要一到期就归还，非常守信用。过了一段时间，他将贷款金额增加到100美元，又是到期就归还。隔了几年，这个美国人大学毕业了，他需要一笔二百万美元的资金来创办一家属于自己的公司，于是又到银行申请贷款。银行很快就核准了他的贷款，他也顺利地成立了公司。

在经济不景气的时代，一个刚毕业的大学生如何能够让银行同意这么大的一笔贷款呢？

原因很简单。因为从他在银行办理的第一笔贷款到他大学毕业，将近十年的时间，他累积了很好的信用记录。同时，在办理借款时，他积极主动地认识银行的工作人员，上至总经理，下到营业员，他都和他们成为朋友，累积他们对他的信赖感，于是轻松地得到了这一笔二百万元的资金开创自己的事业。

他在申请巨额贷款时，看似没有费什么周折，殊不知，他把功课都做在了平时，他让银行的人看到了他的自信，银行的人相信这样的借贷人不会还不起贷款。这就是靠着信任的力量，因为信任，对方会放下心中的疑虑，很乐意帮忙。

还有一个美国人名叫彼克。彼克出生于波兰，在贫民窟长大，生活极为穷困。他只读过六年书，很小就开始做杂工、当报童。这样一个穷孩子看起来似乎没有任何成功的希望，机遇与幸运对他实在太少。然而，在13岁那年，他偶然间读到“全美名人传记大成”，随后突发奇想，要和那些名人直接交往。于是，他采取最简单的方法：写信。每一封信中，他都提出一两个能激起收信人兴趣的具体问题。他的方法非常有效，很多名人都回信给他。

此外，只要他知道有名人来自己所在的城市参加活动，无论如何都要进入那个场合，与所仰慕的名人见上一面。见到名人时，他通常都只简短地说几句话，便礼貌地离开，不多打扰。就这样，他认识了很多各个领域的名人，其中还包括后来当了美国总统的加菲尔将军。

后来，彼克创办了《家庭妇女》杂志。凭借多年与名人的交往，他邀请他们为杂志撰稿，被他邀请的名人也很乐意执笔，杂志因此非常畅销，发行量很大。彼克本人也因此脱离了贫困的生活，在出版界声名大噪。

两个故事中的主角都是善于主动出击的人，他们用最简单的方式与人交往，并且保持良好的互动，累积彼此的信任，于是才能在适当的时机主动创造并掌握成功的机会，开创人人称羡的事业。

俗话说得好：“胆大飘洋过海，胆小寸步难行。”求人一定要自信主动，在适当时机提出自己的要求。没有胆量，自己不积极主动，怎么能在茫茫人海中找寻贵人呢？又怎么能够在适当时机开口求人，并获得别人的及时帮助呢？

许多人在开口请人帮助之前，都会预设立场，害怕大胆主动地求人会使人讨厌自己；还有人认为开口求人会让别人看不起自己，会招来更多的反感与轻视，结果越害怕就越紧张，越紧张就越不敢开口，最后非但无法解决自己的问题，还承受莫名的心理压力。

其实，不好意思开口求人实际上是一种自卑心理在作怪。自卑是完全可以克服的，只要你增强自信心，克服羞怯和害怕，大胆主动地与人交往，累积别人对你的信任感，在需要的时候勇于开口求人帮助，自然能为自己创造机会。千万别像胸口挂着大饼，却不肯低头就食而把自己活活饿死的懒人一样，让大好的机会从眼前溜走。

求人办事成功与否自然取决于多方面的因素，如机遇、技巧、口才等，但更重要的是当事者的心理状态。当你认定此事“一定能成功”时，则此事往往会成功；而你认定此事“不可能”、“不行”、“没办法”，则往往会把事情办糟——道理就是如此简单。尤其是预测消极结果时的自我暗示有极强的束缚力量，因此失败率往往也很高。用心理学来解释就是：坚信自己能办到比努力本身更重要。

总之要记住，求人成事要想获取好结果，先决条件是主动出击，并告诉自己：一定会成功。这样做会使你产生信心，同时感染别人，消除对方的疑虑，争取到最好的结果。

强调非他不可，增加成功几率

求人办事，别忘了给对方戴顶高帽子，赞美他的能力以及你是多么需要他的帮助，因为人都是爱听"甜言蜜语"的，强调这事只有他能办，非他不可，这会让对方有成就感，从而愿意去帮忙。

如果把对方标榜为能力上的"超人"，以证明他的能力和重要性之大，那么，份内的小事自然不在话下。

美国黑人富豪约翰逊修建一座办公楼，但在资金上还有三百万美元的空缺，他出入多家银行都没有贷到这笔款。当施工持续到所剩的钱仅够再花一个星期的时候，约翰逊约一家银行的主管一起吃饭。席间，银行主管对约翰逊说："这儿我们不便谈，明天到我的办公室来谈吧。"

第二天，当约翰逊断定该银行很有希望给他抵押借款时，他说："好极了，唯一的问题是今天我就要拿到贷款。"

"你一定在开玩笑，我们从来没有一天之内就能办妥这种事的。"银行主管说。约翰逊把椅子拉近说："您是这个部门的主管，在一天之内肯定能办妥这事的，除了您就没有别人能办到了。我对您的实力还是很了解的。哈哈……"

对方微笑着说："你真是会说好听话，不过，还是让我试试看。"这个银行主管试过以后，本来以为办不到的事竟然办到了，约翰逊也在钱花光之前拿到了这笔贷款。这里的关键是约翰逊给了对方一顶高帽子，强调他的能力，表明这件事他肯定能办到，而且是非他不可。那么这位主管就该想了：如果办不到的话，是不是会很没面子。

因此我们说，如果一个人很有兴趣地谈到他的专长，或他所取得的成绩，或他的业务成果时，你能适时地提出与之相关的要求，在这样的时刻，他拒绝你的可能性最小，你的要求得到满足的成功率最大，这是经过心理学家及社会学家的实验所证明的。当你有求于人时，就去赞美他，然后强调某些事非他不可，营造一个合适的氛围。这样，就能使你的需求最大可能和最大程度地得到满足。

宋先生是一研究所的高级工程师，和妻子两地分居十多年了，钱花了很多，礼也送了不少，可就是没办法将妻子调过来。这事搞得宋先生精疲力尽，又无可奈何。此时，在他妻子调动过程中起关键作用的某局又换局长了，新上任的是从外地来的朱局长。宋先生听说这位朱局长能急人之急，为下属办事，因此，他先了解了几个受朱局长帮助的例子，然后登门拜访。

他一开始没谈自己此行的目的，而是先赞美朱局长，说他比较突出的政绩，对下属的关心和办事的果断。朱局长也很谦虚，直说："哪里哪里，他们的确有困难，我只做了我应该做的事。"

到了这个关口，宋先生就提出了自己的问题："朱局长，我也有点事需要麻烦你。我和妻子已经两地分居十多年了，一直没有解决，本来不打算再办了，可听大家都夸您，我就觉得这事又有了希望，因为您有体恤下属的心和果断的办事能力。"接着，宋先生介绍了一下自己的情况，朱局长让他回去静候佳音。果然，一纸人事令到手，宋先生全家团聚。

在这个事例中，宋先生是有求于人的，他所求的正是这位局长的分内之事，并且这位局长也因之名声远播。宋先生首先对局长进行吹捧，强调他对下属生活的关心和办事的能力，而且表明也只有他才有这样的能力，使局长在兴头上轻松地解决了长期悬而未决的问题。如果像有些人，只知道自己诉苦，让别人帮忙，激发别人的同情心，这还是不够的。

一般来说，求人办事，赞美对方的能力和权威，强调非他不可，如果他帮不了你办事，他就会在自尊心上受不住，脸上无光。因此，只要你赞美得当，那就没有办不成的事。

一家文化公司建造了一座现代化的写字楼。这一天，公司的文生经理在工作，家具公司的工作人员明刚找上门来推销办公家具。"哟，好气派。我从来没有见过这样漂亮的办公室。如果我有一间这样的办公室该多好。"明刚这样开始了他的谈话。

"是吗？"文生经理的自豪感油然而生。说完，不无炫耀地带着明刚参观了整个办公室，兴致勃勃地介绍设计比例、装修材料、色彩调配，兴奋之情，溢于言表。结果可想而知，明刚达到了目的，同时也给了文生经理一种心理上的满足。

要知道，由于人有自我意识，所以，接受任何东西时，哪怕是最忠恳的劝告，也要受情绪和情境的影响。人向来注意外界对自我的评价，赞美这种外界评价，就有助于创造良好的情境和情绪，从而有利于事情的解决。

任何的请求，经过赞美的魔棒轻轻一点，就变得不一样了。现代人或多或少都了解，多多送些高帽子，可以赢得人缘，可以得到一些意想不到的犒赏。因此，送高帽子，强调非他不可，是求人办事所必备的技巧。高帽子送得恰到好处，会大大增加成功的概率。

放下面子，献出一片热情

面子是让人不敢接近的冰霜，热情却是令人温暖的炭火。很多人信奉“万事不求人”或“求人不如求己”的原则，认为请求别人帮助是自己无能的表现，似乎有些丢脸。这种看法是偏颇的。人与人之间的互相帮助是生活中的必然现象，而非“无能”或“丢脸”。

美国著名企业家艾科卡的故事告诉我们，所谓的面子是虚荣，当人非常想把一件事做成功时，求人就是在寻找机会，跟尊严无关。

20世纪80年代，艾科卡由于遭人嫉妒和猜忌，被老板免去了福特汽车公司总经理的职务。面对打击，他没有消沉，而是立志重新开创一片天地。为此，他拒绝了数家优秀企业的聘请，接受了当时濒临破产的克莱斯勒公司的邀请，担任总裁。

到任后，他首先实施以品质、生产力、市场占有率和营运利润等因素来决定红利的政策。他规定主管人员如果没有达到预期的目标就扣除25%的红利，还规定在公司尚未走出困境之前，最高管理阶层各级人员减薪10%。

这一措施推出后，有人反对有人赞成，反对的人是公司的元老，认为这样做损害了他们的利益。艾科卡冷静地对待这一切，并且自己只拿一美元的象征性年薪，让反对他的人无话可说。

为了争取政府的贷款，艾科卡四处游说，找人求人，接受国会各小组委员的质询。有一次，由于过度劳累，导致他眩晕症发作，差点晕倒在国会大厦的走廊上。为了取得求人、办事的成功，艾科卡把这一切都忍了下来。结果，他领导克莱斯勒公司走出了困境。到1985年上半年，克莱斯勒公司获得的净利高达五亿多美元，艾科卡也从此成为美国的传奇人物。

艾科卡取得巨大的成功，其秘诀就是“打死心头火”。然而，这里的“心头火”指的是所谓的“面子”，高傲的自尊，而不是为了目标努力耕耘、勇往直前的热情。

求人时，最忌讳的便是为了面子问题而发怒。发怒的结果非但不能解决问题，反而得罪了能帮助你的人。求人遭遇刁难时，不妨先按捺住自傲的火气，拿出你的热忱，让别人看见你真正的需要，让他了解你的目的。华盛顿就曾因放下面子，拿出热情为自己求得了一个忠实的守护者。

那是在公元1754年，华盛顿还是一位上校。当时，华盛顿率领他的部下驻守在亚历山大，那里正在选举弗吉尼亚议会的议员。当时，就算是一票，对于华盛顿的成败也极其关键。然而，有一个名叫威廉·佩思的人却公开反对华盛顿。

据说，具体是因为华盛顿与佩思在关于选举问题的某一具体问题上发生了激烈的争论，情绪激动的华盛顿说了一些冒犯佩思的话，而被激怒的佩思则将华盛顿一拳打倒在地。看到上级挨打，部下便立马跑了过来，准备报仇，而华盛顿阻止了部下的冲动。第二天一清早，华盛顿递给佩思一张便条，要求他尽快到当地的一家小酒店来。不一会儿，佩思便如约到来，他是准备来进行一场决斗的。令他感到惊奇的是，他所看到的不是手枪而是酒杯。

华盛顿站起来热情地迎接他，并笑着伸手过去。“佩思先生”，华盛顿说，“犯错误乃人之常情，纠正错误是件光荣的事。我相信昨天我是不对的，你已经在某种程度上得到了满足。如果你认为到此可以解决的话，那么请握住我的手——让我们交个朋友吧。”从此以后，佩思成为华盛顿最坚定的支持者。

一段“恩怨”顷刻间就得到化解，这是华盛顿的高明之处，同时更是放下面子，拿出热情所达到的良好效果。在人生的旅途上，没人能永远不求人，只要敢于放下面子，弯腰低头，很多事情都会朝向积极面发展。

求人办事，无论何时都不能让你所求之人在小事上陷入尴尬境地，否则，最后出大丑的就是你自己，所以，为了办成所求之事，可以适当低头，这就是策略，也许这正是众多成功者为什么总能使对方心服口服、心甘情愿为之办事的秘诀。

心软之人，要用软话攻心

人心都是肉长的，在求人成事时，如果必要，可以运用示弱战术，露出一副可怜相，向对方说尽软话，刻意暴露自己的弱点，增强对方的优越感而获得对方怜悯，进而达成目的。

不论中外，许多参加政治竞选的候选人，最后使出的杀手锏，除了采取“银弹”攻势外，通常采取哀求战术，动员太太、小孩向选民们苦苦哀求，甚至下跪，希望能以此博得选民的同情，拉抬声势，抢下游离选民的同情票。其实，这是应用了心理学上“心理低位”的方法，简单地说就是，人们都希望别人所处的位置比自己低，而自己高高在上。只要自己的优越感获得了满足，便会在无条件的状况下答应许多事。

这种哀兵策略在求人时经常出现。某卖方在二次降价后还想要坚守价格。为了打破僵局，邀请买方去见他的上级主管。当买方人员走进房间时，只见主管头上缠着毛巾，腰上围着毛毯，脸上挂着愁容，一副病态，还可怜兮兮地说：“头疼、胃痛、腰难受，被你们逼得心里急。”如此一来，买方的立场再怎么强硬、无情，也很难不被打动，进而动摇了自己最初的意图。

求人也可以用眼泪战术，因为眼泪是最无声的“软话”，它比低声下气的哀求还要具有打动人心的力量。一般人都是见不得眼泪的，尤其是成年人的眼泪，如果流的时机恰当，肯定会勾起对方的恻隐之心，从而让对方答应你的要求。

甲乙双方达成协定，但未签合同，此时，第三方愿以更低的价钱与甲方签下合约。甲方出于商业信誉，将情况告诉了乙方，并提出不可能有补救的措施。乙方了解甲方的心态，又不想变动实质性条件，便反复解释并言词恳切地流下眼泪。这年纪不轻的乙方代表所流淌的眼泪产生了极大的效果，会谈气氛变沉闷了，甲方代表的攻击力被冻结了。甲方代表人建议休会后在内部进行讨论。最后，甲方同意再让步几万美元。乙方代表的眼泪赢得了甲方人员的同情，成功地完成了这笔交易。

在求人时，有时候对方推着不办，并不是不想办，而是有实际困难或心有疑虑。遇到这种情形，就要善解人意，抓住问题的症结，巧妙地运用软话攻心战术，达到成功求人的目的。

上个世纪80年代初，著名的引滦入津工程发生了这样一段真实的故事。

担负隧洞施工任务的某单位一度因炸药供给不上，面临停工。单位派李科长带车到东北某化工厂求援。

李科长昼夜兼程千余里赶到化工厂供销科，可是得到的答复只有一句话：眼下没货。他找厂长，厂长忙，没时间听他多解释，他跟进跟出，有机会就讲几句；他软缠硬磨，厂长仍不为所动，硬邦邦地对他说：“眼下没货，我也无能为力。”

话说到这个份上，求路似乎已被堵死。

这时，厂长给他倒了一杯茶水，劝他另想办法。李科长并不死心，他喝了一口茶，看到这水又找到了新话题：“这水真甜。天津人可是苦啊，喝的是从海河槽里、洼淀中积的苦水，不用放茶叶就是黄的。”

他一眼瞥见厂长戴的是天津产的手表，接着说：“您戴的也是天津表？听说现在全国每四块表中就有一块是天津的，每四个人里就有一个人用的是天津的碱。您是办工业的行家，最懂得水与工业的关系。造一辆自行车要用一吨水，造一吨碱要用160吨水，造一吨纸要200吨水。引滦入津，解燃眉之急啊。没有炸药，工程就得延期。”

他说得很动情，很在理，厂长有了几分感动，问：“你是天津人？”

“不，我是河南人，就是通水了，我也喝不上那滦河水啊。”

厂长彻底服了，他抓起电话下达命令：“全厂加班三天。”

三天后，李科长拉着一车炸药胜利返程了。他用的攻心战术如同一把开启心锁的钥匙，一下就敲开了对方心灵的大门。可见，攻心的方法用得巧妙，往往能达到出人意料的效果，甚至有时无须开口，就会获得人们的帮助和支持。

软话攻心、叩头流泪战术确实是求人办事时的一大劝说秘诀，但是除非是不得已，否则别轻易使用这个杀手锏。因为引人同情的哀兵策略偶一为之，往往具有出奇制胜的妙效。若是一个经常采取低姿态苦求别人以博取同情的人，就像一个好手好脚却在路边向人行乞的年轻人，不但无法引起任何同情，反而会让人觉得不值得怜悯，有时还会招来不屑和鄙视的眼光。

死缠烂磨，看谁更有耐力

足够的耐心是“泡蘑菇”的前提和基础。当前进受阻出现僵局时，人们的直接反应通常是烦躁、失意、恼火甚至发怒。然而，这无助于事情的解决。因此，你应理智地控制自己，采取忍耐的态度。

这时，忍耐所表现的是对对方处境的理解，是对转机到来的期待和对求人成功的自信。有了这种心境，你就能在精神上使自己处于强有力的地位，能够方寸不乱，调动自己全部的聪明才智，想方设法去突破僵局，即使消耗一定的时间也在所不惜。

从另一个角度看，“死缠烂磨”消耗的是时间，而时间恰恰是一种武器。时间对谁都是宝贵的，人们最耗不起的是时间。所以，如果你以足够的耐心，摆出一副“打持久战”的架式与对方对垒时，便会对对方的心理产生震慑。死缠烂打，足以促其改变初衷，加快办事速度。所以，你要沉住气，耐心地牺牲一点时间，反而可以争取到更多的时间。

有时候，求人成败的关键并不在对方，而在于自己有没有耐心等待。

俗话说，人心都是肉长的。不管朋友之间的认识距离有多大，只要你善于用行动证明你的诚意，就会促使对方去思索，进而理解你的苦心，从固执的框子里跳出来，那时你就将“泡”出希望了。

日本的保险“推销之神”原一平，小时候是全村里的“混世魔王”，大家是人见人怕。由于自己的声誉狼籍，23岁那年便只身一人来到东京开始创业。到了35岁的时候，他已经是日本保险界赫赫有名的人物。阔别家乡十几年的他，终于高高兴兴地去探家。

原一平这次回家有两个目的，一是想让家乡人都知道当年的“混世魔王”已经改好了；二是想在自己的家乡开展保险工作。所以，回到家乡不久，他便大力宣扬保险知识。遗憾的是，村民对保险根本不了解，更不相信当年的“混世魔王”，怕吃亏，谁也不愿参加。原一平明白，要想在村里开展保险工作，首先就要劝说村民了解保险，参加保险，而在此最重要的是先求助于村长的帮忙，接下来的工作才能顺利进行。

现在的村长是当年和原一平一起玩的朋友，而且当时的原一平经常欺负他，如今想要获得村长的帮忙，肯定很不容易。不过，原一平没有放弃，找了时间，提了点礼物来到村长家。村长一看是当年的“混世魔王”回来了，不禁想起了他以前在村里做的坏事，下意识地吃了一惊。

当原一平提及让村长帮忙动员村民一起学习、参加保险的时候，村长一口否决了。

第二天，原一平提着礼物又来了，村长好像有点不好意思，但依然是拒绝。其实，拒绝原一平的理由无谓就是他小时侯给人留下的坏印象。

第三天一大早，原一平又来了。不过这次村长的家人告诉他说，村长到几十里外的邻县亲戚家帮助盖房去了。原一平得知这个消息后，明白村长是故意不肯见他。于是，原一平骑车按照村长家人说的地点追了去。车子一放，袖子一挽就干活，干完活还和村长继续“磨”。

为了找一个长谈的时机，原一平干脆天不亮就起床，冒雨赶到村里，在村长家门外一站就是两个钟头。村长起床开门愣住了，见原一平淋得像水鸡，便一把将他拉进屋里说：“你就别‘泡’了，我动员全村人学习保险知识还不成吗？你这种精神头，就是天皇也得举手投降。”

村长这个堡垒一攻破，这个村参加保险工作的局面就打开了。

对初次见面或是很忙碌的人，要说服他时千万不要认为这是最后的机会，如果你这么做了，便会得到反效果。最好是能在短时间内结束，以等待下次的见面，让对方去回味你的为人。此外，求人办事还要有韧性，采取不间断的“攻击法”，使他在心理上担负着“情义债务”。

在求人时，要想说服一个毫无关系的人，最好是让他心里有这样的想法：“如果我不理会他，他也着实可怜。”有了这种心理负担后，他便不会轻易地拒绝你。进一步说，就是以情义来缠住他。因此，即使被拒绝多次，也不要气馁，若能继续纠缠不放，以热忱来感动对方，即使是铜墙铁壁般的心，也有被软化而同意帮助你的一天。

“好事多磨”这句话用在求人这件事上是再贴切不过了。要达到自己说服对方的目的，讲究的是磨功、缠功，必须反复说服，急不得。有时我们求某个人，而这个人却对此事采取敷衍态度，或者说“不好办”，或者说“以后有机会再说”，或者说“像你这种情况有很多，我不知道该帮谁，不该帮谁”……如此等等。面对这种情况，也许有些人会打退堂鼓，本能地维护自己的面子，不愿让别人说自己厚脸皮。而有些人却不是这样，他们深知“会哭的孩子有糖吃”的道理。因而，当他们第一次被对方拒绝后，他们会再次或连续几次发动进攻，软磨硬缠地硬要对方答应他的请求。虽然他们这样做可能会更讨人厌，但也有可能让厌烦的对方害怕招来更多的麻烦而干脆就答应了。

当然，要应付软磨硬泡中的尴尬，也需要一些技巧。一般来说，笑声与幽默是最有利的润滑剂。有道是“伸手不打笑脸人”，笑对他人，受缠者就很不容易与对方翻脸，这就是继续泡下去的一个重要条件。如果有可能的话，可以让自己永远都保持一幅明朗的笑脸。这样一来，对方就很容易被你“笑化”，就会很开心地接受你所提出的请求。

抓住对方软肋，对其施加压力

公元前659年夏天，晋国兴兵攻伐虢国。伐虢必须经过虞国，但如果虞国不借道给晋国，晋国就束手无策。大臣荀息建议晋献公把自己国家的两件国宝——千里马和玉璧送给虞国国君虞公。晋献公接受了荀息的建议，派人把千里马和玉璧送给虞公。虞公不听谋臣宫之奇的劝告，借路给晋国。

晋军经虞国到达虢国，攻占了虢国的都城，迫使虢国迁都到上阳。公元前655年，晋国聚集精兵良将，再次向虞国借路攻伐已迁都上阳的虢国。宫之奇劝说虞公道："虢虞两国相互依存，虢国灭亡了，虞国也就日薄西山了。所谓'辅车相依，唇亡齿寒'说的正是虢虞两国今天的形势。还请大王三思而行。"可是虞公再次拒绝了宫之奇的劝告，借路给了晋国。

是年八月，晋国大军经虞国进入虢国，迅速攻克了虢国国都上阳，虢国灭亡。凯旋途中，晋军趁虞公毫无防备之际，又一举消灭了虞国。虞公成了晋军的俘虏，千里马和美璧也都重新回到晋献公手中。

荀息抓住了虞国国君虞公爱财的软肋，投其所好，使其放松了警戒，从而达到了借道的目的。而虞公在助纣为虐的同时，也葬送了自己的国家，实在可悲。

在求人办事的时候，就是要善于抓住对方的软肋，像怕死、易怒、怯懦、过分自尊等都是人性方面的软肋。有时候，抓住对方的这些软肋，就会使他们不得不听命于你的安排。当然，在想办法抓住对方软肋的同时，还应当极力避免对方抓住自己的软肋。懂得了这个道理，处理起人际关系来就能轻松自如。

其实，软肋不止是指对方不好的弱点，还有一些对方很在乎的人，比如说他的父母、妻子、儿女等很亲近的人，同样是他的软肋。

在求人办事的时候，当我们遇到一些交情不太深厚的人或者所求之事有难度时，可以运用"独辟蹊径求人法"，敢于打破求人途径的定式，换种思维，换个途径来求助于人，也就是我们抓住对方的软肋，不直接求他，而是利用朋友的爱人、老人或小孩对其施加影响，进而达到我们的目的。

“独辟蹊径求人”供我们选择的对象是很多的，比方说，你可以托对方的爱人，利用枕边风影响对方。林语堂曾经说过，中国是女权社会，女人总是在暗地里对男人施加影响，左右着男人的心理情绪和处事态度，无形中便决定了事态的发展。老谋深算之人，深谙此道，求人最爱在女人身上做手脚，其结果也是屡试不爽，即使朋友也莫不如此。

我们也可以求对方的父母小孩，通过他们对所求之人施加影响。对于大多数成年人来说，都是上有父母下有子女的全福之人。对父母的尊重和对子女的疼爱是人之常情，上级当然也不例外。有鉴于此，他们可能很重视父母和子女们说的事，有时即便是一件不甚好办的事，他们也不好推托和拒绝。所以，如果与某位上级关系较远或因某种原因见不到他，就不妨试着去找他的父母或子女，设法让他们从中帮忙，毕竟，亲情的作用有时也是不可估量的。为什么这么说呢？

第一，老人，小孩容易接近。

老人因体力虚乏在家休养，或因年岁高而退休在家，没有工作做，家务不让做，又由于儿女上班少有时间，年辈相距，难投机等原因，谈话是心中有而没处说，因此，常常显得孤寂。如果有人主动接近老人，哪怕是暂时解除老人的孤寂，老人自然非常乐意。再者，心理学表明，老年人较中年人柔和、慈善得多，也容易接近。而小孩子纯相，喜新好奇爱动，一句唐诗、一段故事、一个鬼脸、一声哄捧就能很快赢得小孩的亲近。

第二，通过老人、小孩，可以融洽全家。

老人是长者，而中国人有敬老、尊老、孝老的传统。假如老人心悦神怡，全家随之活跃和愉快。中国人又十分看重传宗接代，视小孩为家庭的未来，爷辈如此，父辈更甚。况且现代家庭的小孩多是“独苗”，家里人更是哄捧宠爱。如果能和小孩玩在一块儿，家庭融洽自是水到渠成。这样，与老人孩子打成一片，身为求助对象的朋友也会非常高兴，对我们求人办事当然是大有益处。

那么，怎样才能与他们搞好关系，使他们亲近你呢？

首先要主动套近乎，拉家常。谈话是交际中信息交流最直接的手段。进入一个家庭，见到老人、小孩，要想见一面便产生“一见如故”的融洽气氛，登门人应该主动引出话题打开话匣，而不应该等待家庭一方(老人、小孩)搜寻话题勉强问答。因为在双方刚刚接触的短时间内，登门人如有心理准备，便更容易找到合适的话题。况且对于老人，你主动开口也表示了尊敬；对于小孩，你主动开口，能表示亲近，消除陌生感。

对老人务必态度谦恭、心性美善、行为礼让。这样做，一方面表现你的虚心、诚实，一方面显出你对长者的尊重、敬仰。那种三言两语就夸夸其谈，将老人“晾挂”一边或踩践自脚下的言行是不可取的，结果只能遭到老人的冷遇甚至赶撵。小孩天性乖巧，欢乐容易，哭闹也容易，稍有不适就可导致“风雨满楼”。因此，和小孩交往，必须因情因境，投其所好，把握分寸。要用忠诚、童稚去换取欢悦，千万不能居高临下、装腔作势、虚情假意。

总之，求人办事时，头脑要灵活，千万不要被头脑中固有的思想和模式所限制。直取不行曲中求，此路不通觅他径。多在求助对象周围的人身上下点工夫，也就抓住了他的软肋，或许对你的办事有好处。

巧借外力，让对方无法拒绝

什么叫巧借外力呢，说得不客气点就是狐假虎威。假如一只狐狸不能够与老虎交朋友，那么这只狐狸就应该制造一种跟老虎密切交往的假象，小心翼翼地跟在老虎的后边，与此同时，大吹大擂他们之间有着笃深的友谊。这样做，便制造出了一种印象，即安危能得到老虎极大的关注。

我们求人办事，就要敢于“狐假虎威”，甚至无中生有，“拉大旗做虎皮”，依靠更加有威势的第三者的压力或名头唬唬人，从而促成所求之事。

但是这之中有两点需要注意：第一，在求人过程中，或者说是在与“老虎”交朋友之时，态度要不卑不亢，使所求之人、所交之友对你产生与众不同的感觉；第二，在不经意之中，流露出你与强大的第三者之间的关系，不由得对方不信，这样，事也就好办了。

阿杰最初是一家规模很小的劳保用品公司的老板。他打听到有几家大型生产企业正好要采购一大批劳保用品，于是想通过这次机会把产品打入大型企业。可是，他派业务员去接洽了几回都无功而返。后来分析原因，是由于自己的公司小，没门路没靠山，人家看不上眼。阿杰思来想去，终于想到一计，这条计就是“狐假虎威”。

他告诉业务员们，公司将在某天搞一次大型的公益产品的赠送发布会，届时，省市里的有关主要领导和一些企业负责人将到会，并且将有众多媒体参与。他让业务员分别去接洽这些企业的主要负责人，邀请他们赴会领取免费的产品。交代完工作，阿杰便开始了筹备工作。

首先，他预定了一家五星级酒店的会议厅作为发布会的现场，以此来充场面。接下来，他分别找了两家报社的名记，进行了一点“疏通”，于是报纸上就有了他们为了工人着想而要进行公益赠送活动的软新闻。然后，他通过一些朋友联系上了一些领导，分别对那些领导说：我们的产品赠送是一次大型的公益活动，会有一些大型企业和一些领导及主流媒体参与，您是我们尊重的领导，想邀请您赴会。听到“尊重”两字，那些领导怎会不去，于是就有一些领导欣然接受了邀请。

这之后，他又通过报纸把这些消息综合地展现出来，并且有目的地让电视台了解到，让电视台也介入了进来。

最后，他又分别亲自去见了那些大企业的领导，把这些综合信息以交流的姿态传达给他们，还不忘吹嘘一番，让人感觉到，他们公司是有上边的领导支持的，产品是有很多大企业青睐的，他们和媒体的关系也是相当好的。

其实，这些都只不过是他打的一些小幌子而已。经过了一系列的准备，他的产品公益赠送活动在一片赞扬声中召开，各界领导出席，媒体煞有介事地推波助澜。最后的结果就是风光无限，订单多多，阿杰所做的一切总算获得了成功。

阿杰所用之术就是“狐假虎威”的诡道奇谋。他这只“老狐狸”借助多面“虎威”的综合作用，借势发力，达到了销售产品的目的，最主要的是收获了无价的后续潜力资源。

拉“虎皮”为自己所用这一招，在借力方面真是效用显著。因此，当你求人办事时，也不妨使用这招来成就一些事情。在现代这个人与人之间的交往日益密切的社会中，“借力”显得尤为重要。

清朝末年，中堂大人李鸿章位高权重。文武百官都想讨他欢心，合肥知县也是其中之一。这一年，中堂大人的夫人要过五十大寿。合肥知县带着师爷写好的一副对联来到京城。见到李鸿章后，他朝下一跪说：“卑职合肥知县，前来给夫人祝寿。”

李鸿章见是区区一七品知县，虽命人给他沏茶看座，但态度极为冷淡。知县连忙取出寿联，双手奉上。李鸿章顺手接过，打开一看——上联是：三月庚辰之前五十大寿。下联是：两宫太后以下一品夫人。

要说这对联也极其普通，但不一般的是“两宫”字样。李鸿章见“两宫”字样，不敢怠慢，连忙跪下来，命家人摆好香案，将此联挂上。此后，合肥知县官运亨通。

小小七品知县，只是带着一幅对联拜寿，就深得李鸿章的赏识，从此飞黄腾达，官运亨通。因为他借的力是“两宫太后”，帽子既大，还让对方欣然接受，不仅使得中堂大人满心欢喜，也让自己仕途顺畅，多亏了“两宫”字样这样的“力”。

因此说，当你弱小时，一定要善于借力来发展壮大自己，这会对你的人生和事业起到事半功倍的作用。在人际交往当中，我们都想用很多的心思来结交那些成功人士，究其原因，无非就是想“借力”。“借力”之后再求人办事，就会相对简单得多。

找到共赢之处，成就彼此双方

在求人办事的过程中，我们通常都希望别人能遵照自己的意愿去做某件事。但是，要让别人心甘情愿地照着你的意愿去做，你就必须让他明白，他对你有多么重要。这样，他便会觉得这件事对他也有多么重要。

有一次，卡内基结识了一位名叫佛里克的青年。此人经营煤炭业，号称“焦炭大王”。卡内基的钢铁公司需要煤炭，而且他很赏识佛里克的胆识和才干。如果跟佛里克合作的话，对他的事业来说是非常有利的。

卡内基了解到佛里克是一个非常自负的人，如果不把他的面子照顾到很周全，即使他明知对自己有利，也不会合作的。于是，他将佛里克请到自己家里，热情接待。其时，卡内基已年近五十，比佛里克大了二十几岁，他的财富也比佛里克多好多，但他仍然在佛里克面前保持着礼貌和谦逊。

尽管佛里克是个骄傲自负的人，也不禁对卡内基产生了好感。这时，卡内基才提出合作成立一家煤炭公司的建议。他还大度地表示，新公司的总价值是200万美元，佛里克的焦炭公司约值32.5万美元，其余160多万美元都由他支付，股份双方各得一半。

只出四分之一多一点的资金，却能得到一半股份，这是打着灯笼都难找的好事，但佛里克却还在犹豫。如果公司以卡内基的名义运作的话，他是不乐意的。因为他是“宁为鸡首，不为凤尾”的一个人。

卡内基看穿了他的心事，补充道：新公司的名称是“佛里克焦炭公司”。此时，佛里克再无疑问，当即爽快地同意了。此后，佛里克成为卡内基的合作者，日后更成为卡内基钢铁公司的高层领导之一。

在处理这件事的过程中，卡内基没有将利益全部掌握在自己手中，他知道要实现目的，就必须得到佛里克的合作。因此，他找到双赢之处，成就了别人，自己也最终得到了实惠。这就告诉我们，在求人办事的过程中，求助者一定要学会给对方利益，这样才能使对方心甘情愿地帮你完成自己的意愿。

20世纪60年代，日本某公司开发出了一种新产品，即投币式自动电唱机，取名为“立体声友伴”，该产品造型美观，性能良好。当公司的推销员滨须前去拜访客户，向他们介绍、推荐这种商品时，经销商始终无动于衷，因为他们不知道这种新商品的客户群在哪里，也无法判断这种新产品的销售前景，他们对经销这种商品能否赚钱没有一点信心。

滨须意识到，要说服经销商，就必须消除他们的疑虑才行。于是他彻夜不眠，想了几天几夜，终于想出了一个说服顾客的推销计划，当他再次拜访顾客时，他说：“如果你购买我们的产品，我会替你找到安放它的店铺，而且确保你每个月可赚4万日元。”

滨须的计划对经销商来说具有极大的吸引力：第一，经销“立体声友伴”之后，不必担心卖不出去，因为滨须为这些机器寻找安置场所，这些场所包括小吃店、酒吧、餐馆、旅店等，也就是说，滨须帮经销商把产品卖出去；第二，经销商坐收利润。设置“立体声友伴”后，一天的利润虽然视地点不同而有少许差别，但平均大致有3000日元。利润跟提供场所的店东折半，也有1500日元可得，一个月就有4～5万日元利润。机器的售价是15万日元，经销商4个月就可以收回本钱，以后每个月就是净收入4～5万日元。经销商经销“立体声友伴”既不需要推销，又可每月赢利4～5万日元，何乐而不为呢？

然后，滨须再去拜访为“立体声友伴”提供设置场所的业主，对他们说：“我们公司的产品造型美观，性能佳，可烘托店里优雅的气氛。只需把它放在你店里的一个角落，你每个月就可坐收4～5万日元。你不用投资1分钱，我们也不收取任何费用。”

这是一次前所未有的实验。酒吧、小吃店并不需要投资买机器，只需提供店铺的一个小角落，就可以每月获利4～5万日元。这样的条件，谁会拒绝呢？

就这样，滨须的推销取得了极大的成功。那些知道别人买“立体声友伴”赚了大钱的人，争先恐后地拿出15万日元买“立体声友伴”，把它设置于酒吧等场所，跟设置商大分其利。

滨须的成功在于他找到了对方和自己的共赢之处，别人之所以要答应你的要求，就是因为他们也是有利益回报的。因此，要学会让利，在自己达成愿望的同时，找到能够成就彼此双方的那个点。

一个人要想在事业上成功，固然要靠自己的努力，但是，我们发现，除了自己努力之外，还需要与人的合作。一个人如果只知有己，不知有人，那么，他努力的成绩就会在别人的反对或制肘之下被抵消。华人首富李嘉诚说：“如果利润10%是合理的，本来你可以拿到11%，但还是拿9%为上策，这样，会有后续的生意源源而来。”要明白，在求人办事的时候，找到双方的共赢之处，成就的是大家。

第七章

朋友能成你，亦能毁你：“三教九流”，对你都有帮助

没有一个人能独立地活在这个世界上而不需要任何朋友。朋友可以在你高兴的时候，跟你一起分享快乐，在你处于低谷时，给你安慰和信心。人需要和朋友进行心灵沟通，在现实的人生道路上，也需要朋友的帮助和扶持。珍惜敢于说出逆耳之忠言的朋友，以宽容和真诚去对待他们。不管是飞黄腾达的朋友，还是平凡普通的朋友，不要忘了经常见个面，打个电话，跟朋友分享你的成功和落寞。人们常说“物以类聚，人以群分”，其实，如果能打破自身的局限，多交些不同性格、不同行业的朋友，你的眼界会更宽，路也会更阔。

3FENZHONG GAODING DUIFANG

朋友多了，路才好走

中国有句俗话：一个好汉三个帮。自古以来，成就一番事业的人都少不了别人的帮助。

美国前总统西奥多·罗斯福曾说："成功的第一要素是懂得如何处理好人际关系。"在美国，曾有人向2000位雇主做过这样一个问卷调查："贵公司最近解雇的3个人，其被解雇的原因是什么？"结果，所有地区不同行业的雇主，有三分之二的回答都是："因为他们不懂得如何与人相处，工作关系不愉快。"曾任美国某大铁路公司总裁的斯密斯说："铁路的百分之九十五是人，百分之五是铁。"美国钢铁大王及成功学大师卡耐基也说："专业知识在一个人的成功中占百分之十五，人际关系占百分之八十五。"当你成功时，有人为你高兴；当你失落时，有人为你加油，对你伸出双手。这就是朋友的力量。

有句歌词叫朋友多了路好走。的确，朋友是办事艺术中不容忽视的环节。有多少朋友，就打开了多少扇办事的方便之门。一个人的智慧是有限的，精力更有限，所以，要想做一番大事情，做个好汉，就要善于取得别人的帮助。世界上有很多人获得成功，除去环境、机遇和个人能力等因素，很重要的一个原因是他们能处理好人际关系，特别是善于结交朋友。

那么，如何交到更多的朋友呢？

比尔·盖茨能够成为世界首富，除了他自身的努力及对当前社会发展的高瞻远瞩，朋友的帮助是不可或缺的。盖茨的第一份合约，来自于计算机界巨头IBM。

那年，盖茨只有25岁。微软的业务主要是编程语言和软件程序，职员也不多，然而，IBM来拜访了。

他们看到一个穿着随意的大男孩站在大门口。他们上前问："比尔·盖茨的办公室怎么走？"小伙子二话不说，将他们一路带进一个办公室，然后在办公桌后坐了下来。这时，IBM的主管们恍然大悟。原来这位就是早就闻名的湖滨中学的电脑神童，哈佛大学的辍学逆子。

不管怎样，IBM还是有点疑虑是否真的能将公司这么一个浩大的计划拿给一个毛头小子。这时候，幸好母亲帮了他一把。玛莉·盖茨是IBM董事会董事，而新任董事长是她的朋友。在某次董事会后，玛莉·盖茨走进董事长约翰·欧普的办公室，对他说，如果他们的公司与她儿子的公司合作的话，他们一定会感到满意的。就这样，在母亲及母亲朋友的帮助下，盖茨得到了这份及其重要的合约。

由此可见，朋友并不是一定要自己去结识的，也可以通过自己的亲人，通过自己现有的朋友，不断地拓宽朋友圈子，使亲人的朋友、朋友的朋友都能够成为自己的朋友。

善于交际的人，总是在不停地扩大自己的交际范围。认识一个新的朋友，就等于进入了他的社交圈，从而又认识一批人，不断地产生倍数效应。

多个朋友多条路。朋友多了，路子广了，办事情就得心应手，事半功倍；反之，则劳神费力，难上加难。

要想在社会上办成事，拥有比较多的朋友关系至关重要。朋友多，在社会上的办事形象就好，社会评价也就高，因而求人办事也更容易。所以，一个人的朋友多少，能直接反映出他在社会上的办事能力和水平。

安东尼在校期间是非常优秀的学生干部，结交了许多好朋友。毕业后，他自己创业开办了一家公司。刚开始时，红红火火的，赚了一些钱，他就拿自己赚的钱，帮助其他的朋友创业。

后来，他看准了一个很好的机会，就把公司的资金全部投入到了那个项目中，可是资金回来得很慢，很快就周转不开了。如果资金跟不上，那公司就彻底垮了，可安东尼又实在没钱了。他的同学和朋友听说了，都倾囊相助，帮助安东尼渡过难关。这个项目让安东尼赚到很多钱，不但可以很快还给朋友们，而且公司的资产也翻了几倍。

所以说，朋友多了好办事。朋友多就是人缘好，人缘广。如果你有广泛的人际关系，这对你的成功将是一笔不可估量的无形资产。因此，人缘好不只体现了你个人社交的魅力，更是你办事的资质魅力。

按照下面的几点建议去做，你的朋友会越来越多。

● 如果你想多结交一些朋友，你就需要主动地了解对方的兴趣爱好。你可以通过多种方式得到他们这些方面的信息。比如，平时相处时多观察了解，向他的朋友打听询问，或者查阅他的个人资料等。

● 在人与人的交往中，会出现一些交际的好机会。多一些有益的朋友，会有机会转变你的一生。“独木难支大厦”，朋友在关键时候帮你一把，可能会直接促成事业的成功。所以，要时刻留意能结交朋友的好机会。

● 结交朋友不仅要把握机遇，同时还要创造机遇。交际中的一条重要规则就是：找机会多和别人接触。如果你想和刚认识的朋友进一步发展关系，你可以请他们到你家作客。因为，人与人之间接触越多，彼此间的距离就可能接近。

● 培养自己的好奇心。爱好、兴趣广泛的人，易于同各种人交朋友。一个人如果会打桥牌、跳舞、游泳、滑冰、打球、下棋等，爱好一多，与大家“凑趣”的机会就多，结交朋友的机会也会多。即使自己并不擅长某一方面，但若表现出浓厚的兴趣，博得对方的欢心，肯定了他的特点，也能引发共鸣。此外，要关心各种问题。常关心大家所关心的事，特别是关心你结交的人们所感兴趣的事情。

● 不要让性格差异成为障碍。常言道，物以类聚，人以群分。志趣相投的人容易接近，反之，则容易疏远。但要记住，社交与选择朋友不完全是一回事。社交圈中，更多的不是知心朋友，而是普普通通的朋友。因此，在拓展自己的朋友圈子时，不要用选择好朋友甚至是知心朋友的标准，凡是志趣不符、性格不合的人一概拒之门外。

从某种意义上说，朋友的多少决定了我们的未来道路是平坦还是曲折；是有“贵人”相助，还是要自己苦苦奋斗。大量的事实表明，谁的朋友多，他办起事来效率就更高，成功的概率也更大。

以诚相交，获得他人真诚回报

在上一节的例子中，我们提到安东尼的公司在朋友的帮助下渡过了难关。他的朋友之所以能够义无反顾地对安东尼伸出援助之手，其原因正是安东尼在他们需要帮助的时候毫不吝啬，也就是说，安东尼的真诚得到了朋友的真诚回报。

在与人的相处中，种瓜得瓜，种豆得豆的道理是很明显的。

弗莱明是苏格兰一个穷苦的农民。有一天，他救起一个掉到深水沟里的孩子。第二天，佛来明家门口迎来了一辆豪华的马车，从马车走下一位气质高雅的绅士。见到弗莱明，绅士说："我是昨天被你救起的孩子的父亲，我今天特地过来向你表示感谢。"弗莱明回答："我不能因救起你的孩子就接受报酬。"

正在两人说话之际，弗莱明的儿子从外面回来了。绅士问到："他是你的儿子吗？"农民不无自豪地回答："是的。"绅士说："我们订立一个协议，我带走你的儿子，并让他接受最好的教育，如果这个孩子能像你一样真诚，那他将来一定会成为让你自豪的人。"弗莱明答应签下这个协议。数年后，他的儿子从圣玛利亚医学院毕业，发明了抗菌药物盘尼西林，一举成为天下闻名的弗莱明·亚历山大爵士。

有一年，绅士的儿子，也就是被弗莱明从深沟里救起来的那个孩子染上了肺炎，是盘尼西林将他从死亡的边缘救回来的。那个气质高雅的人是二战前英国上议院议员老丘吉尔，绅士的儿子是二战时期英国著名首相丘吉尔。

本杰明·富兰克林曾说过，一个人种下什么，就会收获什么。我们如果真诚地待人，别人也会真诚地对待我们。弗莱明因为真诚，才让自己的儿子有了成才的机会。老丘吉尔也因为真诚才挽救了自己儿子的生命，并使之成为20世纪影响人类历史进程的政治家。

每个人都希望得到别人的真诚相待，要想让别人真诚待你，你就应当首先主动真诚地去对待别人。一般来说，你怎样待人，别人也会怎样待你。你与人为善、真诚待人，别人也会反过来如此待你。

有的人对真诚待人抱怀疑或否定态度，理由是：我真诚待人，人若不真诚待我，那我岂不是很傻、很吃亏吗？不能否认生活中有这样的人，他们虚伪、狡诈、阴险，一肚子小心眼，玩弄他人的真诚，戏弄他人的善良，算计他人的毫无防备，蹂躏他人的真情实意，以怨报德、以恶报善。但是，这种人在生活中毕竟是极少数。当他们的嘴脸充分暴露后，必将被众人所指责和唾弃，并被群体厌恶和排斥。

很多人都觉得，积极主动地付出友善真诚仅仅是讲如何对待别人，其实，准确地说，友善真诚地待人更重要的是指如何善待自己。你待人以善意，别人以善意相报，你待人以真诚，别人以真情回馈。这也就是我们经常说的“将心比心”，“以心换心”。

有这样一个故事。韩国某大型公司的一个清洁工，本来是一个最被人忽视，最被人看不起的角色，但就是这样一个人，却在一天晚上公司的保险箱被窃时，与小偷进行了殊死搏斗。事后，有人为他请功并问他的动机，得到的答案却出人意料。他说：当公司的总经理从他身旁经过时，总会真诚地赞美他“你扫的地真干净”。就这么一句简单真诚的赞美，使这个员工受到了感动，并决心全力维护公司的利益。

正是这些不经意的真诚相待，能够使人不期然地得到他人的真诚回报。所以，我们并不是以真诚为武器来增加自己的成功砝码，而是使自己成为真诚的人，进而把真诚传递下去，每个人都能够享受真诚带来的成果。

那么，如何与人真诚相处呢？

● 要真诚地关心同伴。

希望得到别人的关心和注意是人的一种正常需要。当一个人感到周围的朋友对他十分关心时，他心中更会有一种温暖、安全的感觉，就会充满自信和快乐。“投我以木瓜，报之以琼琚”。他既然受了别人的关心，就同样会关心别人，这样，相互之间就容易有一种友好、亲密的关系了。真诚地关心朋友要热情，当同伴有求于自己时，只要是正当的，就要尽己所有满足对方的要求。当看到别人有困难时，要主动去帮助、关心和体贴。当然，真诚地关心朋友还要无私，尽可能避免给朋友出难题。

● 要宽容地对待同伴。

宽容是现代人应当具有的性格特征，它表现为一个人对别人宽厚、有气量，不计小隙，能宽容异见。生活中充满了矛盾，同伴之间难免有被人误解，被人嫉妒和被人背后议论之类疙疙瘩瘩的事情发生。此时，我们必须宽容别人，礼让别人。

● 要诚恳地对待同伴。

希望得到别人赞扬是人的一种心理需要。赞扬别人也并非是件难事，因为每个人多少总有些值得赞扬之处，重要的是要诚心地赞扬别人。

● 要主动与同伴交往。

人际关系是在"互动"中发生联系和变化的。人际关系要密切，彼此的交往是前提。交往水平高，人际关系就容易密切，反之亦然。因此，在紧张的学习生活之余，不妨主动地找同伴谈心，讨论某些问题，交换一些意见，互相传递信息，这都可以加深对对方的了解和信任。

● 微笑常挂嘴角。微笑作为一种表情，它不仅是形象的外在表现，而且也往往反映着人的内在精神状态。在与朋友的相处中，微笑的魅力是无穷的。它就像巨大的磁铁一样，吸引着周围的人们。你对他人报以微笑，别人也会这样对你。真诚地微笑，带给自己的是完美的个人形象、朋友的真诚微笑和愉快的生活环境。

总之，了解与同伴交往的方法，并不断学习，就能架起一座交往的桥梁，就能找到一条通往成功的坦途。

士别三日，朋友也要刮目相看

在现实生活中，有的人会一直发展得比较顺利，而有的人则磕磕绊绊。所以，结交朋友时，千万不可太功利，一时发展势头迅猛的，不一定到最后是走得最好的，而当时落魄的，没准到最后是最厉害的那个，也就是所谓的“士别三日，当刮目相看”。因此，不妨做个“雪中送炭”的人，在朋友不如意的时候帮他一把，你真心对人，等他东山再起之时，肯定会记得你。

有一次，露丝独自一人外出旅行。晚上闲来无事，就到酒店的咖啡厅里小坐。咖啡厅里的人不多，既使聊天，声音也都很小。这时，她看到一位穿着不凡的先生独自坐在咖啡厅的边角处，闷闷地坐着。

“你好，先生。这里可以坐吗？”她指着挨着他的座位搭讪。

“当然可以，请坐。很高兴认识您。”他愣了一下，很快起身向露丝示意道。

“我是P公司的营销部门经理，是来这里度假的，今晚无事，就过来坐坐。”说着，露丝双手递上了自己的名片，“估计您比我年长一些，您可以直接叫我的名字。”她接着说道。

他很高兴地接过名片，犹豫了一下，也拿出了一张名片递给露丝，“真是不好意思，我现在没有新名片，这个名片很快就没用了。”说这话时，他的眼神中闪过一丝黯淡，“我的公司快倒闭了，本来房子都已经盖好了，结果一场飓风把他们全毁了。”

名片上写着“美国豪爵房地产开发公司董事长布兰克·威尔逊”。露丝觉得他也许还没从失败的痛苦中解脱出来，于是说：“真是不幸，不过，布兰克，我能帮你做些什么呢？我认识一些银行的负责人，也许他们能帮你的忙。”

布兰克的眼睛一亮，突然有了些精神，“我现在急缺周转资金，如果你能帮我，那就太好了。”他激动地说。

露丝经过周旋，真的帮他找到了一个银行的朋友，弄到了一笔贷款，其实数额不大，但却是雪中送炭，帮他渡过了难关。后来，他的生意越做越大。

此事之后，布兰克成了露丝的好友，而且因为她销售的产品中有一些是洁具，于是他就主动帮她联系了为他的房子进行装修的公司，也让露丝从中获得了一笔大单。

其实，露丝在当时帮助这个身处困境之中的人的时候，根本没想到他会东山再起，卷土重来，也没想到自己会通过帮助他而获取什么好处。但只要带着一颗乐于助人的心，朋友就会越来越多，路也会越走越宽。

其实，大家完全可以将眼光放得长远一些。一个人在身陷困境的时候，虽然雪中送炭看起来是一时难以得到回报，但事情并不是一成不变的。三十年河东，三十年河西，那些一时穷困潦倒却最终成功的人也不少，说不定你以后也会有需要他们的时候。即便你一时甚至永远也得不到受困者的回报，但也能够得到另外一方面的收益，即你的"送炭行为"会增加你做人的道德砝码，会充实你的人生，让你的个人价值得到提升。帮助了别人，别人感恩你，你同样会感到充实和愉快，并且，会因此而受到更多人的爱戴和认可，有助于你良好人脉的形成和个人形象的提升。这样的收益，如果你刻意地用金钱做投资，却未必能够得到。

雪中送炭给人的回报是潜在的。孟子说："有力者疾以助人，有财者勉以分人，有道者劝以教人。"意思是说，有力量的人应该积极热情地帮助别人，有财力的人应当尽力地支援别人，有学识的人应当去教导别人。尤其是在别人有困难的时候，自己更要乐于助人，自觉地去做"雪中送炭"的人。

带着发展变化的眼光去对待那些处于困境中的人吧，谁知道日后他们会有怎样惊人的作为呢?

美国从事个性分析的专家罗伯特·菲力浦有一次在办公室接待了一个因自己开办的企业倒闭、负债累累、离开妻女到处流浪的流浪者。那人进门打招呼说：我来这儿，是想见见这本书的作者。说着，他从口袋中拿出一本名为《自信心》的书，那是罗伯特多年前写的。

在他说话的时候，罗伯特从头到脚打量着流浪者，发现他茫然的眼神、沮丧的皱纹、十来天未刮的胡须以及紧张的神态，完全地向罗伯特显示，他已经无可救药了。但罗伯特不忍心对他这样说。因此，请他坐下来，要他把自己的故事完完整整地说出来。

罗伯特苦口婆心地对流浪汉说：在这个世界上，只有一个人能够使你东山再起，除非你坐下来，彻底认识这个人——当做你从前并未认识他——否则，你只能跳进密西根湖里，因为在你对这个人有充分的认识之前，对于你自己或这个世界来说，你都将是一个没有任何价值的废物。

流浪汉朝着镜子走了几步，用手摸摸他长满胡须的脸孔，对着镜子里的人从头到脚打量了几分钟，然后后退几步，低下头，开始哭泣起来。一会儿后，罗伯特领他走出电梯间，送他离去。

几天后，罗伯特在街上碰到了这个人。此时的他不再是一个流浪汉的形象，他西装革履，步伐轻快有力，头抬得高高的，原来那种衰老、不安、紧张的姿态已经消失不见。他说，他感谢罗伯特先生让他找回了自己，并很快找到了工作。

后来，那个人真的东山再起，成为芝加哥的富翁。这结果其实并不出乎罗伯特的意料。作为一位从事个性分析的心理学家，他懂得对任何人都不要用一成不变的眼光去看待。今天处在困境中的人，不会一辈子倒霉，你怎么知道时来运转时，会有多少惊喜呢?

在实际生活中，多结交在短期对自己有帮助的人无可非议，但不要因为谁现在很落魄，就一副完全看不起人家的样子，甚至是落井下石。世界是发展变化的，人也是起起落落，也许当初的流浪汉会成为日后叱咤风云的人物。所以，请带着宽容和友爱的心去对待朋友吧。

抓住潜力股，人人都有出头天

在我们身边，总有各种各样的朋友。已经很成功的人，我们自然会对他们比较重视；还没有成功的人，很容易被人忽视，以为他们是不重要的。其实，这是有偏见的。

有一位青年画家，在还没成名前，住在一间狭窄的小房子里，靠画人像为生。

一天，他的一个朋友来看他，见他的画工细致，很喜欢，便请他帮忙画一幅人像，双方约好酬劳是一万元。

一个星期后，人像完成了，朋友依约前来拿画。这时，朋友心里起了歹念，欺他年轻又未成名，不肯按照原先的约定付给酬劳金。

朋友心中想着："画中的人像是我，这幅画如果我不买，那么，绝没有人会买，我又何必花那么多钱来买呢？"于是他要赖账，说只愿花3千元买这幅画。

青年画家傻住了，他从来没有遇到过这种事，心里有点慌。他费了许多唇舌，向朋友据理力争，希望他能遵守约定，做个有信用的人。

"我只能花3千元买这幅画，你别再啰嗦了。"朋友认为他居上风。"最后，我问你一句，3千元，卖不卖？"青年画家知道这位朋友故意赖账，心中愤愤不平，他以坚定的语气说："不卖。我宁可不卖这幅画，也不愿受你的屈辱。今天你失信毁约，将来一定要你付出20倍的代价。"

"笑话，20倍，是20万呢。我才不会笨得花20万买这幅画。"

"那么，我们等着瞧好了。"青年画家对悻悻然离去的朋友说。

经过这一事件的刺激后，画家搬离了这个伤心地，重新拜师学艺，日夜苦练。皇天不负苦心人，十几年后，他终于闯出了一片天地，在艺术界成为一位知名的人物。

那位朋友呢？自从离开画室后，第二天就把画家的画和话淡忘了。直到有一天，这位朋友的好几个朋友不约而同地来告诉他："这些天我们去参观一位成名艺术家的画展，其中有一幅画不二价，画中的人物跟你长得一模一样，标示价格是20万。好笑的是，这幅画的标题竟然是——贼。”

他好像被人当头打了一棍，想起了十多年前画家的事。这件事对自己的影响太大了，他立刻连夜赶去找青年画家，向他道歉，并且花了20万买回那幅画像。

正是当年无视这位青年画家，甚至欺负这位没有成功的朋友，画家的朋友才落得如此尴尬的下场。所以，不要轻易小看任何人，任何人都有可能成为你身边的那个潜力股。

菲得洛斯曾明确地表示，与有权势的人交朋友是不安全的。但是，在对方没落失势时你走上前去，会让对方产生强烈的印象，对你感激涕零，并视你为患难之交。

商人吕不韦当秦国太子安国君的儿子子楚在赵国做人质郁郁寡欢之时，帮助子楚，并送赵姬侍奉子楚。同时，吕不韦向安国君的宠妃华阳夫人送礼，让其扶持子楚做了安国君的正式继承人。不久，安国君继秦王位，子楚便坐上了太子宝座，随即又继承秦王王位，称秦庄襄王。吕不韦因为扶助秦王有功，被任命为相国，封文信侯，赏洛阳10万户作为食邑。

在对方陷入遭到众人漠视的状态，连原本交往密切的人也将离弃时，你靠拢上前，必然会令人心存感激。所以许多人都认为，在落魄时伸手援助自己的人，值得与之交往一生。

在别人落魄时，伸手相助，虽然看似会给自己带来一些麻烦，但雪中送炭却是增进双方友谊，加深双方感情的绝妙机会。这时，即使是你给予别人的滴水之恩，也会产生日后涌泉相报的效果。

在选举时，这种成功者与失败者之间明暗凸显的例子极其常见。在获胜的候选人周围，那些素昧平生的人也纷纷献花鼓掌，落选的候选人却无人问津。仔细分辨，甚至那些选举期间原本支持失败候选人的人，也转而投靠到政敌的怀抱。

对于败选的人来说，这是十分落魄的时候。选举失败，人人求去，在此时如果有人造访并鼓励失败者，此人必定大感欣慰。倘若再对失败者进行一番诚挚的勉励，“下次选举一定要好好加油”，失败者定会因此产生奋起之心。

在这种凄凉的失败情形下，人们与失败者建立的关系可以让人感觉到你是个正直的人，不势利。更何况，当时失败的人也不会永远处于失败的境地。如果你希望与胜利者结成莫逆之交，就应该在其失败时伸出援手。

在生活中，荣枯盛衰亦是常伴之物。既有逐步攀升的人，也有失足没落的人。得意的人身旁有大批人包围着，可能没有觉得你的存在对于他的重要作用；相反，落魄的人身旁则无人靠拢，此时在他的心中，或许你的分量最重，你会被其视为可以共患难的挚友。

并且，一度失败的人在某种机缘下再度翻身爬起的例子也数不胜数。如果等到对方再度成功之际才来攀附交情，则为时晚矣。就像股票，如能在低价时购入潜力股，便可赚钱。同样，在别人落魄时伸出援手，帮忙解难的行为，对赚取好人脉十分重要。

珍惜对你直言不讳的朋友

爱听好话是人之常情。买了一件新衣服，朋友们都说："真好看。"你马上就喜笑颜开。这时，有一个声音传过来："我觉得……不是很适合你。"也许，你心里会一下子暗下来，有点不是滋味。但是平静下来，你一定会想，能够这样直接告诉你不足之处的人会有几个呢?

买衣服是生活中的小事，如果遇到大事，还有人能对你直言不讳，这的确是人生中不可多得的财富。

马克在一间律师事务所工作一年以后，发现自己的自主性完全得不到发挥，上司从来都不让自己独立处理案子。这让他很压抑，仿佛浑身的本事都得不到施展，像是被绑上翅膀的雄鹰一般被关在笼子里。

心情不好的他打电话给朋友，诉说自己的烦闷，并表示在这里被埋没了，想自己出来单干，凭自己的力量，肯定会比现在做得更好。朋友安静地等他说完，然后说："你以为你真的有这么优秀吗?"马克顿时傻了，他想不到朋友会这样说。这位朋友接着说："当律师最重要的就是经验，你只有一年的经验，刚刚拿到律师证，就以为自己翅膀硬了吗?还是踏踏实实做你的工作吧，不要再异想天开了。如果你想自己开律师所，起码要自己能够独当一面，积累了足够的经验。"说完，就跟马克说再见了。

马克举着电话，像一下子从阳光下掉进了冰窟窿。刚才还在畅想自己创业的辉煌，朋友对自己的宏伟蓝图不但没有鼓励，还浇了一盆冷水。

于是，他继续打电话给其他朋友，希望从其他人那里得到支持和力量。连续打了四通电话，四位朋友都夸赞马克的勇气，认为凭马克的聪明才智，在这家律师事务所简直是埋没了，律师界将失去一位新秀。马克越听心里越不是滋味。他知道，这些朋友都是好心，不想打击他的积极性，还有一点最重要的，是他们不想"得罪"马克，因此尽量说些好话来让马克高兴，决定还得马克自己拿，自身就不想牵扯上关系了，以免将来马克失败怪罪。

这时候，第一位朋友的话反倒显得动听起来，"我的确没有那么优秀，”马克在心里对自己说，“应该一步一步慢慢走，不能太急了。”

的确，在涉及很多人生大事的时候，有多少人能够真的设身处地地为你着想，对你说真话而不怕得罪你呢？这样的人少之又少，有一两个就已经是幸福的事，所以要珍惜，千万不要因为朋友说了自己不爱听的话就翻脸。

丽莎在工作中认识了现在的男朋友，他高大帅气，对丽莎也很体贴。丽莎的好朋友萝丝知道了，马上打电话给丽莎：“听说你们在一起了？”在得到肯定的回答后，萝丝恳切地说：“丽莎，他脾气不好，而且很花心，我以前有个同事是他的前女友，这是真的。你不要再陷进去了。”丽莎很不以为然：“他对我很好，很关心我，他就是我的真命天子。你不会是嫉妒我吧？”萝丝苦笑一声：“怎么会呢，我是真的为你着想。和他在一起，你不会幸福的。”“好了，你不要说了，我自己的事我自己清楚。”丽莎说完就挂了电话。

以后她开始疏远萝丝，觉得萝丝不是真的想让自己幸福，而且嫉妒自己找到了白马王子。后来，丽莎发现萝丝的话是正确的，可是已经悔之晚矣。

当有朋友对我们直言不讳，告诉我们真实情况时，请不要以最坏的心去揣测对方。俗话说，忠言逆耳。我们要为自己培养听逆耳忠言的耳朵，珍惜能够对我们直言不讳的朋友，这样才能有更多进步。

直言的劝告与尖锐的批评虽然听起来让人不舒服，但是有利于听的人改正他们的错误行为。而在现实生活中，人们大都喜欢听吉利话、奉承话、客套话，而不喜欢听刺耳话、忠告话、劝诫话。唐代的魏征说过“兼听则明、偏听则暗”，以前中国的老人们也常说“听人劝，吃饱饭”。读史明鉴，古人的经验和教训给人启示，发人深省，令人觉悟。

在中国古代的历史舞台上，演绎了一幕幕由于不纳直言而惨遭失败的悲剧。商纣王不听比干劝告，沉迷酒色，导致国破家亡；隋炀帝对忠言不纳，仅十几年就把隋朝弄得天怒人怨，最后民变四起，自己被杀，隋朝也瞬间灭亡；蔡桓公讳疾忌医，不听神医扁鹊的劝告，当病入膏肓时，只有一死；曹操怀疑要给他开颅拿瘤子的华佗害他，把华佗关在监狱里，当他再犯病时，华佗已经死了……这些历史故事都说明，统治者狂妄自大、不听直言和忠言的结果是国破身亡；个人疑心过重、不纳良言的结果是命丧黄泉。狭隘的心胸无法窥见仁者之善良、智者之远见，以小人之心度君子之腹的结果只能是走向毁灭。

在现今的社会中，不听直言、藐视劝善、疑心过重的人也大有人在。其实，劝善也好，劝告也好，都是正直的忠言。直言没有华丽的辞藻，没有情绪的渲染，没有奉承的用心，忠言听上去不太舒服、还可能刺耳、甚至伤害人表面的自尊。但直言是逆耳之言，更是肺腑之言，拯救之言。

直言的力量不言而喻。直言能帮助我们警觉自身的问题，能提醒我们关注即将来临的危险，从善恶不辨中觉醒起来，从歧路与危险中逃离开来。在茫茫人海之中，只有真正珍惜你的人，才会真心诚意地劝告你，他不会在意你的反感，不会介意你的讥笑，也不会怀恨你的辱骂，因为他无私无畏，全是为你好。劝你，是希望你安全；劝你，是对你的生命负责；劝你，是让你远离危险。历史的经验证明，“宁可信其有，不可信其无”才是智慧的选择。对逆耳的直言熟视无睹、置若罔闻，就是自暴自弃，就是不珍惜自己的生命。千金难买的直言只有有缘人才能得到，珍惜对你直言不讳的人，人生之路才能走得更远，生活才会更美好。

诚信是永恒的相处之道

布朗已经失业6个月了。他寄出去的十几份求职信都被无情地退了回来。为了换取维持生命的食物，他卖光了家中所有的东西。浑浊的泪水沿着他眼角细密的皱纹流了出来。他想到了轻生。

突然，布朗想起了一件事。他从贴身衣兜里掏出了那张黄色的信纸，这是他在求职时偶然遇到的老板让他转交给大卫的一封信。他自言自语：我已经答应了，就去办吧。这是最后一件事了。

布朗来到大卫的公司。当他走进办公室时，大卫异常痛苦地抱着头，一筹莫展。布朗平静地把信递给他说："这是罗斯福先生让我转交给您的，好了，再见。"

布朗还没有出门，就听见大卫激动地大叫："啊，我得救了。"他追上来抱住了布朗。原来，大卫正在等待一个非常重要的客户的账号，如果他得不到这个账号，就有可能破产。"谢谢。谢谢。我能帮你做些什么呢？"

布朗布满血丝的浑浊的眼睛里放出了光芒，他小心翼翼地说："我需要一份工作。"最后，布朗如愿以偿，可以说，诚信救了大卫，更救了布朗。

诚信是君子一言，驷马难追，是一诺重九鼎。诚信可以让人格有泰山之重，可以让人的胸襟有海洋般宽广。诚信与成功挨得最近。丧失诚信的人是可怕的，丧失诚信的世界是悲哀的，不堪设想的。尔虞我诈、阴谋诡计只能换取暂时的成功，丧失诚信的成功不会长久，唯有以诚信换取的成功才会永恒。

正如一句话所说："不管好人坏人，都喜欢好人。"事实正是如此，当你以真诚之心待人，当你用友善之心对人时，必能得到回报。

古往今来，关于诚信的故事一代代流传着，让后来人懂得诚信，守住诚信。

在纽约的河边公园里矗立着"南北战争阵亡战士纪念碑"，每年有许多游人来祭奠亡灵。格兰特将军的陵墓，坐落在公园的北部。陵墓高大雄伟、庄严简朴。陵墓后方，是一大片碧绿的草坪，一直绵延到公园的边界、陡峭的悬崖边上。

在格兰特将军的陵墓后边，更靠近悬崖边的地方，还有一座小孩子的陵墓。那是一座极小极普通的墓，在任何其他地方，你都可能会忽略它的存在。它和绝大多数美国人的陵墓一样，只有一块小小的墓碑。在墓碑和旁边的一块木牌上，却记载着一个感人至深的关于诚信的故事：

故事发生在1797年。这一年，这片土地的小主人才5岁时，不慎从这里的悬崖上坠落身亡。其父伤心欲绝，将他埋葬于此，并修建了这样一个小小的陵墓，以作纪念。数年后，由于家道衰落，老主人不得不将这片土地转让。出于对儿子的爱心，他对今后的土地主人提出了一个奇特的要求，他要求新主人把孩子的陵墓作为土地的一部分，永远不要毁坏它。新主人答应了，并把这个条件写进了契约。这样，孩子的陵墓就被保留了下来。

沧海桑田，多少年过去了。这片土地不知道辗转卖过了多少次，也不知道换过了多少个主人，孩子的名字早已被世人忘却，但孩子的陵墓仍然还在那里。它依据一个又一个的买卖契约，被完整无损地保存下来。到了1897年，这片风水宝地被选中作为格兰特将军陵园。政府成了这块土地的主人，无名孩子的墓在政府手中完整无损地保留下来，成了格兰特将军陵墓的邻居。一个伟大的历史缔造者之墓和一个无名孩童之墓毗邻，这可能是世界上少有的奇观。

到了1997年的时候，为了缅怀格兰特将军，当时的纽约市长迈克尼来到这里。那时，刚好是格兰特将军陵墓建立一百周年，也是小孩去世两百周年的时间。迈克尼市长亲自撰写了这个动人的故事，并把它刻在木牌上，立在无名小孩陵墓的旁边，让这个关于诚信的故事世世代代流传下去……

在英国餐饮业，有一个不成文的规矩，用过的盘子一定要刷七次。有个在校学生在酒店做临时雇员，开始时他很认真，每个盘子都刷七次，后来他感到厌烦，开始刷五次，又改为刷三次，始终没有人发现他的偷懒行为。终于有一天，老板在检查工作时，发现了他的这种不讲诚信、不按规矩做事的行为，便将其解雇了。后来，这个雇员想去其他地方洗盘子，可是他不讲诚信的事传得人人皆知，以至没有人愿意聘用他。

当一个人不讲诚信时，他失去的不仅仅是朋友，还有事业。可见诚信对于人是何等重要。

诚信的基础是信用。诚信就像是一辆直通车，选择的是沟通心灵距离的最佳路径，唤起的是一种大家发自肺腑的参与感、认同感和荣誉感。

在这个时代，人格信誉是自身最宝贵的无形资产，是每个人的立身之本。李嘉诚总结自己的成功经验时说："人的一生最重要的是守信，我现在就算有多十倍的资金，也不足以应付那么多的生意，而且很多是别人找我的，这些都是为人守信的结果。"毫不夸张地说，一个诚信的人，他的一生将因此拥有更多的人脉，更多的成功机会，从而受益无穷。

可以适当把生意伙伴变成朋友

生活就像一面镜子，你对它笑，它就对你笑。生意伙伴就好比手持镜子的人，你希望他怎么对你，你就必须怎么对他。面对形形色色的生意伙伴，千奇百怪的问题，我们同样需要拥有一颗真诚的心去理解、去沟通。

生意伙伴既是合作的关系，又是彼此的客户。所以，从某种程度上来说，生意伙伴就是你的利益来源，是衣食父母，抱着这种心态去跟他们交流，把他们当成朋友，这样，相处起来会更融洽。

孝文是从事销售行业的，他的生意伙伴除了厂商，更多的是客户，我们看看他是怎么把生意伙伴变成朋友的。

孝文的心态是每天可以少服务几个客人，但是一定要让服务过的客人满意，因为，金杯银杯不如客人的口碑。也许就是你的几句话，改变了客人对你销售的产品的看法。同样，也许是你的几句专业的叙述，会让客人对你的服务和以后的生意给予认可。

孝文一直把每个客人当成朋友，每天与他们分析市场需求，热销产品，优势产品，让客人把自己当成最真诚的朋友和合作伙伴，一起创业，一起致富。有很多客人看到孝文给自己做的分析和优势产品的介绍，都会非常感激，而且每次都会给孝文带来很多生意。

孝文选择客人当自己的朋友，也赢得了对方的尊重和信任。的确，在成功的路上，有你也有我。以心换心，用诚心，细心，耐心，真心，才能来换取对方的放心，安心，开心。

每个人都希望得到别人的理解和尊敬，因此更应该学会怎么去尊重别人，理解别人的难处，站在别人的立场去想问题，再结合实际去帮别人解答，在别人最困难的时候伸出手来拉一把。把每个生意伙伴当成自己最亲密的人，用自己的心灵去关心每个人，用真心与他们沟通。

莎莎是一名部门经理，她觉得这个职位虽然普通、平凡，但当她每次在拜访合作伙伴时看到对方满意的笑脸，成就感便油然而生，也就满足了。莎莎觉得当一名部门客户经理是很有成就感的事情，而更重要的是，部门经理对合作伙伴的定位很关键。定位决定态度，在拜访中，如果仅仅把合作伙伴定位为利益上的联系人，职业的微笑，一本正经的回答，行色匆匆的表情，都会给对方一种拒人于千里之外的感觉。她觉得大部分合作伙伴更愿意大家能坐下来，喝一杯茶，闲聊几句，这就需要把合作伙伴定位为“朋友”。除了公事公办的态度，还有家长里短的轻松闲聊，这样就能大大拉近与对方的距离。

在与合作伙伴的接触过程中，莎莎会主动问候老板的生意情况，老板小孩的学习情况，老人家的身体健康等等。“这样的简单问候，直接体现了我们人性化的一面，对方有了类似家人、朋友的感觉，在品牌培育时，自然走出了被动、机械、不情愿的模式，积极、主动、乐意的新局面就可以逐渐打开。慢慢熟悉后，合作伙伴对我们的信赖与日俱增，更便于我们各项工作的开展。”

在工作中，让莎莎感动的事情有很多，有时是合作伙伴的一声问候，有时是一个小小的举动。炎炎夏季，走访市场时摩托车被太阳炙烤，有的合作者会很细心地帮她的摩托车垫浇上冷水；冬天天冷，来到合作伙伴的店中，有的人不论多忙碌，都会先给她倒上一杯热茶驱寒……

但是，生意伙伴又毕竟跟一般的朋友不一样，所谓做生意，也就是通过商品交换获取利润，跟生意伙伴的关系也是建立在利益基础之上的，这就要求我们要把握好彼此之间的距离，可以适当拉近距离，但也要保持一定的距离。那么，如何恰当地处理和生意伙伴之间的关系，如何在生意场上建立上下通畅、周边和谐的人际关系呢？

首先，做生意要懂得人情世故，在为人处世上聪明，才能成为生意场上的聪明人。做生意要同各行各业、各种层次的人打交道，要想与这方方面面的人建立良好的关系，做人做事就不能稀里糊涂，而是要知进知退、能高能低、可方可圆。

其次，要把人际关系作为做生意的第一资源。做生意要有资本，而人际资源也是做生意不可或缺的一大资本。当然，生意上的人际资源与日常生活中的人际往来多有不同之处，因此，做生意要有主动开拓和维护人际资源的意识，对各种关系，要站在生意的角度衡量一下。亲戚、朋友也好，客户、同行也好，都要恰如其分地处理金钱与情分之间的关系，这样才能让关系更健康、更长久、更好地为生意服务。

第三，什么时候都不能忘记以和为贵的古训。生意人以和求财，可以说，没有“人和”就不可能有“财运”。有的人认为，做生意首先应该是竞争，由此我们常常看到生意伙伴、同行之间的你争我抢。事实上，虽说竞争似乎是生产场上一个不变的主旋律，但另一方面，大凡生意做得大、做得好、做得久的人，无不视“以和为贵”为至高的生意理念，他们也总能从朋友那里得到帮助。

经常联络好友，关系越走越近

有这样一句俗话：亲戚是需要经常走动的，如果长时间不走动，那么时间一长，亲戚也就不是亲戚了。这句话用在朋友上也是适用的。对于朋友，大家有时间聚聚的，可以经常在一起聚聚。如果不能经常见面的，可以在平常保持一定的联系，比如逢年过节的时候，相互发一条祝福短信或打个电话即可。

朋友是每个人都可以拥有的一份财富，学会把握你身边的朋友，就等于成功了一半。成功的人走过的路也许都不一样，但他们有一样东西肯定是相同的，就是善于利用身边的人。

朋友需要精心经营和维护。因此，我们在与朋友间的交往中需要培养一种习惯：没事的时候也要记得与他们经常保持联络。如果平时连一声问候也没有，到了有事相求时才找出尘封已久的名片簿查找别人的联系方式，与别人联络，结果是可想而知的。

举一个生活中常见的例子，你有一位小学同学，虽说你们住在同一城市，彼此都知道对方的联系方式，但是在逢年过节或者你遭遇不顺时，他从来就没有对你问候过。突然有一天，他主动地打电话过来要你帮他一个忙，你会怎么想呢？多少还是会有那么一点不太乐意去帮他吧。反过来，如果你与他或许有几次的联络，在节日或你的生日时问候过你、在你患难的时候关心过你，这时他打电话来寻求你的帮忙，你心里就乐意多了吧。

观察各种性格的人，哪种人的朋友最多呢？不难发现，为人细心、周到、热心肠的人拥有的朋友比较多。因为他们关心朋友的感受，平时愿意主动去联络朋友的感情去关心别人，并让朋友真正体会到自己的关心。

朋友之间的感情发展，就像银行业务中的零存整取，平时一点儿一点儿地储蓄，到了一两年后就有一笔钱了。朋友之间的关系同样需要维护和经营，平时互相不来往，相当于不存钱；有事才想到找朋友帮忙，相当于从存折中取钱，只取不存，存折迟早会空的。以这种方式对待朋友，朋友之间的情感最终会枯竭，这种情况肯定不是我们乐于见到的。因此，平时要多与朋友联系，感谢朋友的关心和帮助，同时也要适当地拜访朋友，主动关心朋友、帮助朋友，这样可以增进了解、培养感情。

有人说，交朋友有功利性目的，但并不是朋友间的每一次来往都是以利益来估价的。朋友间的大部分交往都是出于增进感情的目的，需要一点点地累积，其实也就是不断地为你的人脉关系添加润滑剂，使你的人脉关系更顺滑。

那么，如何才能充分整合身边的朋友资源呢？

需要谨记的一点是，每一个人都很重要，经常联系才能细水长流。人脉投资就像是捡豆子，如果你能把每一个豆子都捡起来，那么不用多久，你就会有满满的收获。相反，如果你捡的过程都是挑大弃小的，看到一个大一点的，其他的就都不要了，那么你就很难形成稳固的人脉，而你结交到的人脉也会因你的“大小眼”而疏远你。所以说，好朋友一定要勤于联系，不然再好的关系也会随着时间的流逝而冲淡。

在望远镜发明之后，英国天文学家赫谢尔用它来分析天上的星体，使得原本看起来十分安静的天体都有了“在不断运动”的科学证据，使得“地球是静止的”这一概念，一下子就被无情地打破了。

我们知道，地面以每秒半公里的速度移动着，按时速来计算，是每小时1800公里，比高速公路上时速90公里的汽车快20倍。看起来静止不动的地面，都动得这么快速，其他事物可想而知。

人与人间的关系，也在变动。很多时候，两个人相处，不是愈来愈互相信任，便是愈来愈彼此猜疑。因此，要想保持友谊，必须适当地互动。一旦静止，彼此就疏远了。人脉管理也是如此，关键在于互动。

徐燕是大学的老师，她和郭老的认识是在一次学术会议上。她们从同一个城市来，被安排住在同一个房间。郭老比徐燕年长，学术造诣很深，听她讲话如沐春风，是一种难得的精神享受。但郭老有一个心病——她的方向感很差，特别怕出门，所以，在会后的自由活动时间里，徐燕就一直陪着她，尤其是逛街的时候。她告诉徐燕，她这些年尽量避免出差，一出差准会生病，不过这次有徐燕陪着，她感觉好多了。

对这位大自己20多岁的长者，徐燕很尊重，也很关心。会议结束后，徐燕给她订了返程火车票，下车后一直送她回家。后来，她们经常联系，每逢过年过节，徐燕就会发短信给她。有时，徐燕会把自己的课题告诉她，她就提供一些建议、寄一些资料作为参考。

春节时，徐燕到海南过年，因为想保持彻底的清静，没有带手机。回到武汉后她发现，郭老在她手机上留了好几条短信，越到后面越流露出她对徐燕的惦记和担心。这让徐燕觉得温暖，同时也意识到，自己竟然没有给郭老拜年。徐燕马上专程去她家拜年，恰巧，她的儿子刚从美国一所大学带着项目回来，正在寻找合作伙伴，而徐燕恰好可以参与。这对准备评副高职称的徐燕来说，真是莫大的帮助。

多个朋友多条路，多跟朋友联系，路走起来才能平坦无阻。在周末和节假日，你是会呼朋引伴，找朋友聚会，还是"宅"在家里，甘愿看电影上网。如果是后者，那就要纠正一下。多跟朋友联系，是身心的放松，也是获取机会的好时机。我们结识了朋友以后，要珍惜这一资源，真正使这种资源为我所用。

人脉需要常互动，成功在于常联系。尽管平时繁忙，但友情不能遗忘。英国诗人柯立芝说："友谊是一棵遮阴树。"好好培育人脉关系吧，它会让你尽情享受人生的美妙。

第八章

最实用的分寸秘笈：
把握精确的尺度，严守适中的距离

为什么人们都说距离产生美呢？就是因为在一定的距离间，人们既可以保持暖暖的友情，又可以彼此间有一定的欣赏空间和自由空间，朦朦胧胧的，如同水中月，镜中花，雾中的山水甲天下，远距离的欣赏反而更好、更神秘。而人们之间的距离如果太近，让彼此失去神秘、失去欣赏的空间，把彼此看得太清楚，把自己的底细暴露得太多，反而不是一件好事，就很容易受到伤害，因为彼此间太了解了，优点、缺点，你的致命处，你的死穴……所以，在交往中彼此要找到最合适的距离、最恰当的交往方法，既不伤害别人，也不会让自己受到伤害。

3FENZHONG GAODING DUIFANG

取舍有分寸，进退有尺度

在飞速行驶的列车上，一位老人不小心将刚买的新鞋从窗口掉下去一只，周围的旅客无不为之惋惜，不料老人毅然把剩下的一只也扔了下去。众人大惑不解，老人却从容一笑：“鞋无论多么昂贵，剩的下一只对我来说也没有什么意义了。把它扔下去，就可能让拾到的人得到一双新鞋，说不定他还能穿呢。”

老人在丢了一只鞋后，毅然丢下另一只鞋，这便是成熟而理智的表现。一般来说，人们总是飘飘然于拥有的喜悦，而凄凄然于失去的悲伤。老人却以从容的达观之态，超越于世人之上。的确，与其抱残守缺，不如舍去，或许会给别人带来幸福，同时也使自己心情舒畅。老人这种舍得的做法令人顿生敬意，也值得我们深思。

我们要做一个懂得“舍”的人，所谓“取”和“舍”，并非什么都舍。世间有许多舍不得的，比如爱情、亲情、友情，比如诚信、公德、仁义。舍不得，偏要舍得，必然为人所不齿。

取舍，并非什么都能“取”。舍弃的，有可能永远失去。舍弃此时此刻，就不会再有此时此刻；舍弃真正的朋友，就不会拥有真正的友情。

事情的结果往往是这样：取舍有分寸，可使人得到许多回报；相反，不懂得取舍，可能使人遗憾终生。

传说在中国古代，有一个贪财的人背一麻袋金子过河。遇恶浪翻船，船夫劝他丢掉金子，可他舍不得，最终却舍掉了生命。身陷绝境，除自身之外，一样也留不得。遇险时，绝对是“舍”大于“取”，不然，将性命搭进去还不知道怎么回事，实在是得不偿失。

人生下来是纯洁的，人的贪是在后天的成长过程中慢慢形成的。所以，取舍有分寸是一种人生哲学。舍是一种本领、一种态度、一种境界。舍得舍得，先舍后才能“取”，“舍”在前，“得”在后，也就是说，“取”和“舍”虽是反意，却是一物的两面，“取”和“舍”是对等的。

取和舍，进与退，都要看你从哪个角度来看待。某个方面得到了，同时也失去了其他的；而退一步，也许才能进两步，如何把握好其中的“度”，值得我们用一生去学习和体会。

就像“进”和“退”，进是积极进取、勇往直前、披荆斩棘、奋力前行。退是养精蓄锐、积蓄力量、抓住机会、一飞冲天。

进退之道是一种理性而睿智的人生智慧。人生如棋局，每个人都在为理想而博弈，但在人生这盘棋中，进退有方、攻守自如的高手实在是少之又少。有的棋手以勇猛见长，以攻击为主，但却忘记了进取才能最终制胜，往往一上来就被动挨打，一败涂地。其实，攻守平衡、进退自如，才是棋手的最高境界。

36岁的乔治毕业于名校，为人聪明又勤恳做事，经过十多年的努力，成为一家世界知名的会计师事务所的业务部门总监，是公司里职位最高的中层之一。可是去年，他主动选择去另外一个部门当总监。新部门是二线部门，虽然同样是总监，但乔治的职务和薪水比原来低了两级，在公司里的地位也不如原来。

很多人都对乔治的选择感到不理解，“你原来做得那么好，高高在上的，让所有人羡慕，为什么自己要主动选择后退呢？”对此，乔治有自己的一套理由。

乔治告诉朋友，原来的职位虽然重要，薪水也很高，但高职高薪是与工作的高压力成正比的。“原来，我要经常加班到夜里，就是周末也很少能过一个完整的休息日，平时想跟家人吃个晚饭，基本没机会。更重要的是，长期夜班导致睡眠不足，工作高压让身体状况变得也不太好。我今年虽然才36岁，但身体好像是46岁，常常感到身心俱疲。”

换了新工作以后，乔治最明显的感受是，再也不用加班到深夜了。而且二线部门的工作相对轻松很多，对于像乔治这样已经习惯高压工作的人，常常感到不在话下。“我现在每周都有几天能回家吃晚饭，而且也可以和家人过完整的周末了。以前把所有的时间都给了公司，忽略家庭的时间太久了，现在终于有机会弥补一下。帮太太做做家务，给儿子辅导一下功课，或者在周末和家人一起去郊区放松一下，这种生活真是太好了。另外，新工作的压力和以前相比，简直不值一提，我甚至感到，现在的工作对于我来说是享受。”

乔治说，虽然现在的薪水比原来低了两级，但是并没有影响家庭开支，应付日常开销完全没有问题。“可能原来想买30万元的车，现在改买20万的，而且用于投资的钱变少了，但这都不会影响我们的日常生活。再说，每月少的这些薪水和换来的舒服工作相比，我觉得很值得。”乔治还有一个想法很少和人提及，那就是新部门现在虽然不起眼，但未来的发展前景却很好。“原来的那个领域已经做到头了，没什么太大的上升空间，新业务领域却充满了机会。我确信将来不论是职业选择还是对个人能力的锻炼，新工作都能给我很好的回报。自身综合实力加强了，还怕薪水停滞不前吗？”

取舍有分寸，进退有尺度的人，是有大智慧之人。的确，人不能像一辆只有油门而没有刹车的汽车，否则就走向了反面，在努力的时候，要竭尽全力，但不能忘了在适当的时候要刹车，这样才是安全的，也是幸福的。

找准安全距离，不互踩私人空间

人与人之间，没有距离就会窒息，无论爱情、友情还是亲情，都是这样的。所以，心灵和心灵间一定要留下距离，否则就会在挣扎中窒息。心灵的距离，取决于怎样处事待人。人与人心灵之间的感觉是很微妙的，所以，一定要找准这个安全距离。

在人际交往中，一旦发现自己选择的话题不受欢迎，应立即转移话题，不要毫不知趣地继续下去。如因自己疏忽而选择了令对方不快的话题，则应当道歉，这也是对对方的尊重。

跟人交流，一定要把握尺度和距离，不踩私人空间，切勿触碰"着火点"。一旦你发现自己碰触到了别人的"着火点"，引起别人不快时，应该及时采取适当的方式转移别人的注意力，这样可以弱化他人因为隐私被冒犯而产生的不快，也表示自己并非有意探问隐私。表达出自己的诚意，以宽容、平和的心态对待别人的隐私，把握好同事间和平、互助、有距离关系的尺度，这样才能营造和谐的氛围。

你必须避免谈论别人的隐私，一是不可在谈话中拐弯抹角地刺探别人的隐私，二是不可知道了别人的一点点隐私就到处宣扬。宇宙之大，谈资无所不有，何必非要把别人的隐私当做谈资呢？

对待别人的隐私，要切忌人云亦云，以讹传讹。为什么这样说呢？首先你要明白，你所知道的关于别人的事情不一定确凿，也许还有许多隐情你不了解。要是你不假思索就把你所听到的片面之言宣扬出去，难免颠倒是非。而话说出口就收不回来，待事后你完全明白了真相时才后悔不已，而此时却造成了不良的影响。

事实上，人与人之间的关系相当复杂，你如果不知内幕，就不可信口雌黄，以免招惹是非。

现实生活中有一种人，专好推波助澜，把别人的隐私编得有声有色，夸大其词地逢人就说，人世间不知有多少悲剧由此而生。你虽不是这种人，但偶然谈论别人的隐私，也许你无意中就为别人种下了祸患的幼苗，其不良后果并非你所能预料的。

现代社会的职场白领每天至少有8个小时的时间耗在办公室里，甚至比待在家里的时间还要长。工作场所已经成为白领与人交际的重要地点，也成为各种信息和八卦的交换市场。因此，是否能够正确对待个人和他人的私人空间，已经成为一个白领能否在职场中游刃有余的关键因素。

你可能也知道，八卦一向是同事间联络感情的最佳话题，尤其在茶水间、洗手间这两间“谈话室”里，往往是众家流言的最大集散地，也是大家说老板坏话的“秘密花园”。

八卦可以多听，但不能多讲，最好只进不出。所谓“祸从口出”。口水是名副其实的“祸水”，不管是泄露自己的私事，还是转述听来的是非，都可能让自己陷入言多必失的危险。更要不得的是以成为八卦中心为荣，以为自己真的很有神通，到处打探小道消息，变成被利用的对象还不自知，等到被别人出卖，才后悔不已。在工作之余，与同事一起上卡拉OK、下酒馆、去郊游，也要把握不谈隐私的原则。至于同事中的个别深交者，能否向其倾诉心事，无所不谈，让其对自己的私生活出谋划策，他会不会在关键时刻“背叛”你，那就只能靠自己拿捏了。

其实，隐私是一个人的底线，别人不知道你的底线在哪里，也就无从伤害你。如果过多地暴露，最后你不想走人都难了。办公室里，同事之间通常只是隔着一扇小小的“屏风”，再加上工作的单调无聊，聊天是一件极平凡的事情。但是有些人不分场合、时间，说到兴起之时，口不择言，不管什么都像竹筒倒豆子那样一点不剩地倒出来，往往一句话脱了口才知错了。

然而，说出来的话就像泼出去的水，是无法收回的。用个不甚恰当的比喻，职场是个残酷的竞技场，每个人都可能成为你的对手，就算是合作很好的拍档也可能突然反过脸来攻击你。如果你将私事过多向他暴露，他知道得越多，就越容易击中你。有一点要切记的是，不管是热恋、失恋，还是别的什么事，都不要把情绪带到工作中，更不要把自己的故事带进办公室。

小仪是个文静的女孩子。失恋后，她告诉同事，她的男朋友甩了她，去和别的女孩子相好了。这件事传到老板耳朵里，老板就在会上说：“有的人连男朋友都摆不平，公司的事怎么可能放心交给她处理呢？自己的私事都四处宣扬，又怎能放心将公司的秘密交给她呢？”不久就在公司内部将小仪调职，当然，工资也像“木瓜打狗，不见了一大截”。因此说，说话要分场合，“公私分明”是一条在任何时候都适用的规则。

在办公室里不能乱说话，要说也只能说公事，莫谈私事。别人没兴趣会令自己扫兴，别人有兴趣，可能会对自己更糟。有的人会抱着这样的心理：我只是了解别人的事，自己的事会守口如瓶；再则，如果我不开口打听别人的私事，自己的秘密就容易保住。事实上，不要以为议论别人没关系，也许谈上几个回合就会烧到自己头上。

适时地闭上你的嘴巴，除了微笑，你会看起来更加可爱。不要罔顾别人的想法而肆意倾倒你的垃圾信息，更不要随便对一个不熟悉的人卖弄你的小道消息和私人问题。同时也要十分小心那些只听不说的人，或许是因为害羞，或许他们隐藏了目的。在询问式和操纵式的倾听中，你要学会分辨同情和尊重。

同时，最好别在办公室谈论自己的私事，或是在同事间散播别人的八卦，这两种行为都会不自觉地把自己推入危险的境地。但你绝对应该张大耳朵，封紧嘴巴，“有耳无嘴”不只是大人教训小孩子的话，也是现代丛林的生存法则之一。

开玩笑把握度，过火则伤人

可以说，没有笑声的生活和没有幽默感的人都是无味的。在人际交往中，开个得体的玩笑，可以松弛神经，活跃气氛，营造出一个适于交际的轻松愉快的氛围。但是，千万不能碰到别人的痛处，那样只会适得其反。聊天的时候，开个玩笑，幽默一下，也能融洽交谈的气氛。

开玩笑也要讲究时机和场合，更要看对象。如果你拿别人的忌讳开玩笑，恐怕不仅不会起到幽默的效果，还会适得其反。

艾薇平时爱说爱笑，性格开朗活泼。一次在同学聚会上，她遇到了朋友杰夫，杰夫是个秃头，当得知他最近高升后，艾薇快言快语地说道："你小子可真行啊，真是热闹的马路不长草，聪明的脑袋不长毛。"说得大家哄堂大笑，杰夫红了脸，说："你的脑袋才不长毛呢。"结果，原本高兴的同学聚会，闹了个不欢而散。

其实，聊天中开玩笑的人动机大多都是友好的，但若把握不好分寸和尺度，就会产生不良后果，所谓"说者无心、听者有意"。因此，聊天开玩笑的时候掌握一些分寸还是很有必要的。

电影《十五贯》说的就是因一句玩笑引发的悲剧。尤葫芦喜欢开玩笑，而他的养女苏戌娟却爱较个真。一次，尤葫芦对养女开玩笑说："我已经把你卖了。"不料，苏戌娟信以为真，竟在夜里偷偷逃走了。由于跑得匆忙，忘了关门，正巧娄阿鼠前来行窃，杀死了尤葫芦，而苏戌娟却被疑为谋财害命而被捕下狱。真可谓是："捐由玩笑生，家破又丢命。"如果是别人，听了这个玩笑，撒个娇或回敬个玩笑也就算了，可尤葫芦却不顾养女的性格特点，开了这个"严重"的玩笑，酿成了悲剧。

从中我们可以明白，你拿对方的缺点开玩笑，即使你是无心的，也很容易被对方认为你是在冷嘲热讽。倘若对方又是个比较敏感的人，你会因一句无心的话而触怒他，以致毁了两个人之间的友谊。而且这种玩笑话一说出去，是无法收回的，也无法郑重地解释。到那个时候，再后悔就来不及了。

所以，开玩笑活跃气氛固然是好事，但是开玩笑的时候，一定要把握分寸，避人忌讳，否则很容易伤人，以下几点需要注意：

● 分清对象。

同样一个玩笑，能对甲开，不一定能对乙开。人的身份、性格、心情不同，对玩笑的承受能力也不同。对方性格外向，能宽容忍耐，玩笑稍微过大也能得到谅解。对方性格内向，喜欢琢磨言外之意，开玩笑就应慎重。对方尽管平时性格开朗，假如恰好碰上不愉快或伤心事，就不能随便与之开玩笑。相反，对方性格内向，但正好喜事临门，此时与他开个玩笑，效果也会出乎意料地好。

● 场合要适宜。

总的来说，在庄重严肃的场合不宜开玩笑。开玩笑是要看场合的。玩笑虽然可以换来人们欢快的笑声，而且可以释放自身的悲哀，但值得注意的一点是，开玩笑不能过分，尤其要分清场合和对象。在图书馆、医院等要求保持肃静的场合，不要开玩笑，在治丧等悲哀的气氛中，不宜开玩笑。

● 内容要高雅。

开玩笑，如果没有知识与品格做支点，便要流于一般的低级趣味了，所以要注意玩笑的内容。内容健康、格调高雅的笑料，不仅给对方启迪和精神的享受，也是对自己美好形象的有力塑造。

● 行为要适度。

开玩笑除了可借助语言外，有时也可以通过行为动作来逗别人发笑。有对小夫妻，感情很好，整天都有开不完的玩笑。一天，丈夫摆弄鸟枪，对准妻子说："不许动，一动我就打死你。"不料鸟枪走火，结果妻子被意外地打成重伤。可见，玩笑千万不能过度。

● 态度要友善。

与人为善是开玩笑的一个原则。开玩笑的过程是感情互相交流传递的过程，如果借着开玩笑对别人冷嘲热讽，发泄内心厌恶、不满的感情，那么除非是傻瓜才识不破。也许有些人不如你口齿伶俐，表面上你占到上风，但别人会认为你不尊重他人，从而不愿与你交往。因此，开玩笑时，一定要注意内容健康，风趣幽默，情调高雅。在社交活动中，忌开庸俗的玩笑，也千万不要拿别人的生理缺陷开玩笑。

朋友、熟人之间适当开开玩笑，可以活跃气氛、融洽关系，增进友谊。但开玩笑一定要适度，要因人、因时、因环境因内容而定。要把握好开玩笑的这个"度"，做到既幽默又不伤人。

哪怕面对金山，也要头脑清醒

在唐代张固所撰的《幽闲鼓吹》中，记载了一个“钱能通神”的故事。中唐时期，京城发生了一件大案，牵扯到不少官员。但因为有人暗中活动，所以迟迟不能结案。有一天，宰相张延赏想起此事，非常愤怒，便召见司法官吏，当面下令：“此案已久，限在十天内审结。”

第二天上午，张延赏来到自己办公的地方，发现书案上压着一张纸条，上面写着：“钱三万贯，请不要过问此案。”张延赏大怒，当即把纸条撕了，又下令下属督促审理此案。可隔天去办公，见书案上又出现了一张条子，上面写着：“钱五万贯。”张延赏更是气愤，下令限在两日内审结。又过了一日，桌上又有了一张纸条，写着：“钱十万贯”。

张延赏摇摇头，叹了口气说：“钱至十万，已经可以通神了，没有不可挽回之事。我怕由此得祸，只能不去管这桩案件了。”从此，张延赏不再过问，这件案子也就一拖再拖，最后大事化小，不了了之了。

这个小故事反映的是官场上的人对金钱的态度，但不管是为官之人还是平民百姓，对待金钱，都要保持理性的认识和清醒的头脑。

一个人对金钱的态度，可以反映出一个人的人品与操守。金钱本身只是货币的符号而已，但它却像一个神秘的魔方，让芸芸众生在它面前表现出各种各样五花八门的形态。有的人为了钱，铤而走险，甚至身陷囹圄；有的人为了钱，六亲不认，乃至反目成仇；有的人为了钱，不择手段，全然不顾人格。当然，面对金钱不动心，自食其力做好人的人毕竟还是大多数。

人们常说：“金钱不是万能的，但没有钱却是万万不能的。”这句话朴素地道出了金钱对人们日常生活的重要性。有钱就有了幸福生活的基础，贫穷绝不可能幸福。但是，金钱并不是衡量幸福与否的唯一标准。有的人虽然很富裕，但他并不一定幸福。有的人虽然很穷，但也许他比有些富人更快乐。正因为金钱可以给人们带来舒适的享受，甚至带来地位的荣耀，所以，对金钱的奢求、崇拜就成为一部分人所追求的目标。

其实，金钱本身无所谓善恶，是人们对金钱不加节制的追求，才使金钱成为所谓的万恶之源。就金钱本身来说，如果取之有道，使用得当，就可以给自己与他人带来幸福和满足。反之，如果非法摄取，使用不当，不仅不能给自己和家庭带来幸福与安详，而且还可能带来痛苦与懊悔，甚至让自己坠入万劫不复的深渊。

追求幸福生活是每个人的希望，对金钱的渴望本也无可指责。但是，如何面对金钱不迷失自我，不失去做人的操守却是值得人们认真思考的问题。

其实，人对物质生活的追求永远也满足不了，人活一世，只要有吃有穿有地方住就足矣。所以，做人应当知足，钱少时勤俭节约过日子，钱多时要多体恤救济那些贫寒苦难的弱势群体。因为金钱不仅仅是一种财富的象征，也是一种社会责任的所在，更是一种人格情操的体现。

在一次访谈节目中，约阿希姆·舒瓦茨问巴菲特："对于你来说，金钱有多重要？"

巴菲特说："如果能有所需的一切就可以了。我早在我20多岁的时候就拥有了我所需要的一切：一份我喜爱的工作；与我喜爱的人在一起工作，他们也喜欢我；每天可以做我想做的任何事情；拥有我可以自由创作、发挥的拉票游说活动，这使我变得很富有。现在，我想好好地用餐，住在一所冬暖夏凉的房子里，去参加一场足球赛等。但是我并不想像法老们一样修建象征我自己的墓，无论是生前还是死后。对我来说，生活的水平与生活花费是不能等同的。我不想拥有一个棒球队而我的名字每天都会出现在报纸上，我对此不感兴趣。我也不想像其他富有的人通常做的那样，拥有世界上最宏大的艺术收藏。我希望能与我的朋友在一起，我希望能做我喜欢做的事情。幸运的是，我做到了。"

约阿希姆·舒瓦茨继续问："你计划要将一切捐助给慈善事业？"

巴菲特说："我在伯克希尔的股份将捐助于慈善事业，但是并不包括我另存在一个保险箱里的少量资本。我有1%的资产是不属于伯克希尔的，这部分资金是我以后所需要的一切，这1%的资产足够以各种常人期望的方式来满足我的生活。剩余的资产将全部回归社会，因为正是这个社会使得我能做我所从事的一切。"

面对富可敌国的财富，巴菲特可以说是保持着清醒的头脑。也许你已经拥有一大笔钱，也许你还在为钱而每天奔波，但不管怎样，对待金钱，怎样保持清醒的头脑，这是每个人都要思考的问题。

不要让善意的批评重伤对方

对待问题，每个人都有着自己的观点和看法，而且有将之诉诸众人的权利。但无论是谁，遭到别人直言不讳的反对，特别是当受到激烈言辞的迎头痛击时，都会产生敌意，导致不快、反感、厌恶乃至愤怒和仇恨。这时，人们往往会感到气窜两肋，肝火上升，血管膨胀，心跳加快，全身处于一种高度紧张状态，时刻准备作出反击。其实，这种生理反应正是心理反应的外化，是人类最本能的自我保护机制的反映。

迂回地表达反对意见，可避免直接的冲撞，减少摩擦，掌握了合适的、恰到好处的善意批评，能使对方更愿意考虑你的观点。

春秋时期的齐景公放荡无度，喜欢玩鸟打猎，并派烛邹来专管看鸟。一天，鸟全都飞跑了，齐景公大怒，要下令斩杀烛邹。这时，大臣晏子闻讯赶到，他看到齐景公正处在气头上，怒不可遏，便请求齐景公允许他在众人面前尽数烛邹的罪状，好让他死个明白，以服众人之心。

齐景公答应了。于是，晏子便对着烛邹怒目而视，大声地斥责道："烛邹，你为君王管鸟，却把鸟丢了，这是你的第一大罪状；你使君王为了几只鸟而杀人，这是你的第二大罪状；你使诸侯听了这件事，责备大王重鸟轻人，这是第三条罪状。以此三罪，你是死有余辜。"

说完后，晏子便请求景公把烛邹杀掉。此时，景公早已听明白了晏子话中的意思，于是转怒为愧，挥手说："不杀。不杀。我已明白您的指教了。"

这个故事就说明，即便是善意的批评，也不能想说什么就说什么，也要讲究表达的技巧，否则很容易伤到对方，起不到批评的作用，弄得双方都不愉快。晏子迂回地批评，表达反对性意见，并使齐景公心悦诚服地接受，就是一个很好的例证。

很明显，晏子是反对景公重鸟轻人的，然而，齐景公是有名的昏君，且正处于气头上，直谏反而不妙，于是晏子就采取了以退为进、以迂为直的方法来间接地表达自己的意见，使齐景公得以领悟其中的利害关系和是非曲直，达到了既救烛邹之命，又说服景公的目的。而且，晏子也避免了直接触犯齐景公，给自己引来一些不必要麻烦的危险。

说话的技巧其实不难，完全可以急话缓说、坏话好说、狠话柔说、大话小说、气头上不说。尤其要记住：可以说人的不是，不可伤到别人；善意的批评，也要讲究方式。

一天晚上，太太拿电话账单给海德先生看："瞧瞧，儿子在我们去欧洲的时候，打了多少长途电话。单单一天，就打了1小时40分钟。"

"什么，这还得了！"海德先生立刻准备上楼指责孩子。可是，才站起来，他又坐下。海德想：自己在气头上，还是不说的好，而且儿子这么大了，要说，也得有点技巧。于是，他一直忍到第二天中午吃饭的时候，笑着对儿子说："你马上回学校了，回去查一查资料，找一家长途费率最低的电话公司。"然后，又来了个急转弯，"咳，其实你上博士班，恐怕也没有时间打，我是多操心了。"

"是啊，是啊，"儿子不好意思地说，"你是不是看到了我上个月的电话账单？那阵子因为要回纽约，一大堆事急着联络，所以确实打多了。"

我们不难看出，海德把"省钱，少打电话，别误了功课"这些话，全换个方法说了，而且没发生一点不愉快。

如何才能进行有效的善意批评呢？这里介绍有效批评的10种方法：

● 考虑是否有必要批评。如果要批评同事或经理，首先考虑是否有必要批评。如果批评了也没什么用的话，那就不批评。如果批评后可能产生反面影响的话，还不如不批评。

● 缓和地提出批评意见。如果必须批评某人的时候，一定要缓和地提出批评意见，不要用激烈的言语。比如很平和地告诉被批评者，最近大家对你意见比较大，希望你能够注意，或者看看是不是有什么地方误会了。

● 说话考虑后果。说话要考虑后果，不要不负责任。说的时候一定要很清楚地表明你在说什么，说完以后不要忘记了。

● 选择适当的场合。批评要选择适当的场合，有时候不要当着别人的面说，要等到只有两个人的时候再说，如果在人多的地方说，就可能会激起矛盾。

● 选择合适的时间。批评的时机也很重要，如果不顾时间，不选择合适的机会乱说，有时会把事情弄糟。

• 针对具体的事情。批评的时候要针对具体的事情，不要太空洞、太泛泛，一定要对事不对人，特别不要由一件事而引申出其他事或者提高到个人素质与品德等问题。

• 友好接近对方。批评时，要友好地接近对方，不要太粗暴。如果对人大声吼，别人心里一定会有很强烈的对抗情绪。

• 准确无误。批评的时候一定要准确无误，不要扩大事情的范围，或者出现偏差，这样有可能会出问题。

• 称赞与批评相结合。批评的时候可以与称赞的语句相结合。

• 每次只集中于一种行为。每次批评最好只集中于一种行为，不要把什么都搅和在一起，一说起来就翻旧账，这不是好的批评技巧。

虽说良药苦口利于病，忠言逆耳利于行，但就算是良药，也可以在外边加上一层糖衣，吃着不苦，又能治病，不比苦口的良药更好吗？善意的批评也是如此，用恰当的方式在合适的时机提出来，会让对方更好接受，相处起来会更融洽。

与老板的距离，决定你的位置

与老板的距离越近，越容易升迁和加薪？如果你这么以为，那就彻头彻尾地错了。

把自己的地位建立在与老板亲密关系上的人，如同让自己扎根在沙滩上一样。几乎每个人都希望能给老板留下好的印象，有很多人认为，只要和老板像朋友一样相处，自会于无声处柳暗花明。然而，这通常是个误区。

虽然说让老板全面地了解自己，是员工升职计划成功的关键。但是，无论什么时候，老板就是老板，即使老板和下属的关系很不一般，也不表示老板下属之间没有距离。毕竟，你与老板在公司中的地位是不同的，这一点要心里有数。因此，不要使关系过度紧密，以至卷入他的私人生活之中。过分亲密的关系，容易使他感到互相平等，这是冒险的举动。因为不同寻常的关系，会使老板过分地要求你，也会导致同事们的妒忌，可能还会有人与你暗中作对。

身为“社会人”，尽量与老板搞好关系是绝对应该的，但要想成为一名受欢迎的人，你在和老板打交道的时候，就无论如何要记住：不论什么时候，老板就是老板，即使你们的关系很不一般，也不意味着你对他可以没有敬畏和恭维。然而，我们却往往因为和老板走得很近，就忽视了这一点，从而影响了自己的职业发展。

月华和她的女老板王晓萍非常合得来，不光在工作上珠联璧合，就是爱好也惊人地相似。比如她们都喜欢用某个品牌的化妆品，喜欢某个牌子的套装，喜欢到星巴克喝咖啡，喜欢听蔡琴的歌……为此，两个人在一起的时间也就多一些。有一次，两人不约而同地穿了一件不同款式却绝对风情万种的春衫，她们在更衣室相遇，嬉笑着互骂彼此是妖精，于是月华私下里就称晓萍“老妖精”（晓萍比月华大两岁），晓萍也乐得回一句“小妖精”。

办公室本是多事之地，她们的亲密自然招致了别人的非议。晓萍从此留了心，她想慢慢地疏远月华，可是月华却没有意识到这点。一天，晓萍在自己的办公室里接待一位客户，月华敲门后进来，以为没有别人就冲着晓萍问："嗨，老妖精，今天晚上去看电影怎么样？我搞到了两张票。"晓萍的脸色立即很不自然，只说了一句："你风风火火的像什么样子？这是在办公室。"月华这才发现，在那张宽大的黑色沙发里，坐着一个穿黑风衣的瘦小的老头。不久，月华被调到市场部做统计，离开了这份自己十分喜欢的人事劳资的工作。

可见，与老板的亲密关系不一定会成为自己的保护伞，相反，有时会给我们带来负面影响，想必这是月华在当初走近晓萍时所没有意料到的。

如果和老板距离近了，彼此的了解也就多了。朋友之间的相知、相识是一件好事，可是如果对方是你的老板，那是福是祸，可就不一定了。职场中，最可怕的莫过于知道了老板的隐私。

公关部的陈娜和她的老板志明，由于上下班经常同路而行，交流自然多一些。陈娜经常搭志明的车回家，一次，她无意中听到志明提及他和老婆已经分居了。"那个可恶的女人竟然和她的老板勾勾搭搭。"志明恨恨地说着……不久，陈娜发现志明对她的态度非常冷漠，这弄得她一头雾水、莫名其妙。直到无意中听同事们讲起志明的太太红杏出墙，她这才意识到志明一定认为是自己泄了密。陈娜虽然内心为自己喊冤，但又知这是一件越描越黑的事，岂是一两句话就能解释清楚的？每天面对志明冷冷的目光，陈娜倍感沮丧。唉，谁让自己听了不该听的事呢？

对老板的生活和私事了如指掌，会在无形中给他一种威胁，万一事情出了差错，你当然难以脱离干系。所以，哪怕是在八小时以后，也尽量避免走近老板的生活天地，这也是一条自我保护法则。

作为一个优秀的员工，应该懂得自己与老板之间的差别，尽管可能有时你很受老板的赏识，是老板手下的热门人物，但别忘了，老板跟你毕竟不是一个级别的同事，你们的关系是领导与被领导。你可以与老板关系和谐，但不必太过亲近。

那么，和老板应该保持怎样的距离，既不显得生疏，又不会影响到自己呢？

- 减少单独在一起的时间。比如吃饭、逛街、去俱乐部、一起回家等。
- 减少开玩笑的机会和次数。频繁的玩笑会让别人以为你们的关系已是非常亲密。

● 不要牵扯到老板的生活里，如果他经常需要你帮忙做一些私事，最好还是找个站得住脚的理由，巧妙回绝为佳。

● 千万不要窥视领导的家庭秘密、个人隐私。你可去了解上级在工作中的性格、作风和习惯，但对他个人生活中的某些习惯和特点不必过多了解。

● 不要在老板的办公室里一谈就是半天，哪怕是为了工作，以免给他人留下“你是他的心腹”的印象。其实，你不妨用报告或E－mail的形式汇报工作和提出建议。

● 千万不要和异性老板有被人认为是不清不白关系的行为。

● 了解领导的主要意图和主张，但不要事无巨细，明了到他每一个行动步骤和方法措施的意图是什么。这样做会使他感到你的眼睛太亮了，什么事都瞒不过你，那么他工作起来就会觉得很不方便。

老板之所以不愿意与部属的关系太密切，主要是顾忌到私人关系，一旦私人感情超过了工作关系，那就会对领导产生不良的影响。其次，他担心你对他的思想感情，包括个人隐私过分了解，这样他就会降低威信。同时，任何领导在工作中都要讲究方法，讲究艺术，讲究一些措施和手段，如果员工把一切都知道得一清二楚，这些方法、措施和手段，就可能会失败。无论什么时候，认清这几点，你就知道应该如何把握自己与老板的距离。而与老板保持恰当的距离，才能让自己的位置稳固。个中的奥妙，还需要在实践中细细琢磨、体会。

同事再近，也不要亲密无间

同事之间过于亲密，不但会像刺猬那样刺痛对方，还容易互相掌握对方的“隐私”，影响各自在公司里的发展。因此，跟同事再近，也不要亲密无间，只做一般的朋友即可，不要做知己。

寻求知己，在情绪低落的时候获得安慰，在有困难的时候获得帮助，是人的一种正常的心理需求。正因为知己难寻，才有了“人生难得一知己”的感慨。知己是人的另一半，但无论两个人的脾性多么相投，也是两个个体，受两个大脑支配，想法不可能总是完全相同。

所谓知己，是指两个人毫不保留自己的心事，甚至将隐私也袒露给对方。但是，你一旦在对方的眼里变得透明，没有一点隐私，从某种意义上说，对方就完全控制了你，你必然受对方牵制，不自觉地依附于对方。在生活中，没有什么大的利益冲突，这种潜在的危险往往表现不出来。但在职场，一个充满了激烈竞争的地方，一个追求最大物质利益的场所，你的那些隐私，就会成为对方的把柄，在顾及不到你的时候，对方就会舍你而取他了。

所以，同事之间应该“君子之交淡如水”，泛泛而交而不是真情投入，做一般朋友而不是知己。朋友情绪低落的时候，你给予安慰；朋友生病的时候，你端上一杯热水，并真诚地问候；朋友有困难的时候，你要力所能及地给予帮助，但不可把你的心扉完全向朋友敞开，将自己的隐私向对方倾诉。

杨光家境富裕，志坤家境贫寒。两人是大学同学，在学校里时只是一般朋友，进了同一家公司后，又住在同一间公寓，才渐渐成为了知己。

因为读大学，家里为志坤借了许多债，他就悄悄找了一份兼职，帮一家小公司管理财务。杨光发现他下班后也忙得不可开交，一问，志坤就把自己做兼职的事情告诉了杨光。

公司每年都会选派一名优秀员工到一家著名的商学院培训。根据选派条件，条件最好的杨光和志坤都被列进了候选人名单。杨光对志坤说：“要是我俩都能去该多好啊。”志坤说：“但愿如此。”

结果杨光脱颖而出，成为公司那年唯一选派的培训员工。志坤很失落，他非常想获得这次培训的机会，于是找老板，请求也参加这次培训。

老板看了志坤一会儿，冷笑着说："你太忙了，就免了吧。"

志坤急忙说："我手头上的项目，我会尽快完成的。"

老板沉下脸来说："那家小公司怎么办，谁给管理财务？"

志坤立即愣住了，他一时搞不明白老板怎么知道他兼职的事。他本能地辩解说："我兼职是有原因的，这并没有影响我在公司的工作……"

老板打断志坤的话说："好了，你忙你的去吧，我还有事。"说完着冲志坤摆摆手。志坤只好灰溜溜地离开。

"你太忙了"——志坤没想到这句话会成为阻止他培训的理由。

可老板怎么知道自己兼职的事情呢？这件事，那家小公司是绝对保密的，他也只告诉过杨光一个人。志坤越想越心酸，他没想到知己会出卖自己。

志坤没想到，把杨光当好朋友，说些知心话，却是这样的结果。志坤不知道，发生这样的事情，也有他自己的原因。的确，在职场上，跟同事说说工作上的事情，开开无伤大雅的玩笑就算了，不要透露太多的隐私和内心的真实想法，这样很容易伤到自己。此外，与同事过于亲密，还会引起老板的敌视。为什么这么说呢？

有的员工喜欢结交朋友，或者具有一定的吸引力，身边总是团结着几个同事。这样，如果在单位里表现得过于亲密，就会被老板察觉，并引起老板的敌视。

这样做，一是有拉帮结派的嫌疑。在老板眼里，员工应该彼此保持独立，这样他最容易管理。如果你身边密切团结着几个同事，这是老板最忌讳的。即使你没有拉帮结派的意思，老板也认为你在拉帮结派，有跟他对抗的企图。一旦老板对你有了这种看法，就会压制你，甚至将你打入冷宫，削弱你的影响力。

二是有集体离开公司的嫌疑。几个同事一起跳槽，或者合伙开公司，让原来部门的工作顿时陷入半停顿状态，是老板最不希望发生的。你与身边的同事过于亲密，敏感的老板就会猜疑你们是不是要有什么小动作。虽然你们根本不曾谈论这些问题，但多疑的老板一旦相信自己的判断，就会防患于未然，提前采取措施。

老板最常用的方法是把你调离，重新换一个部门，或者调到分公司去，甚至为了公司大局稳定，不惜忍痛割爱，炒你的鱿鱼。

那么，该如何恰当地与同事保持这个距离呢？不远不近，若即若离。下面来告诉大家避免同事之间过于亲密的几种方法，为了同事间的关系别朝着过于亲密的方向发展，你要做到以下几点：

● 共同消费时采取AA制。

不管是外出用餐还是一起打车，只要是牵扯到共同消费的事，都要采取AA制。

● 把隐私深埋在心底。

不管跟对方多么情投意合，都不要袒露自己的隐私。同样，如果别人要向你倾诉隐私，你也不要听，要找借口转移话题或者离开。

● 办公室恋情要不得。

“兔子不吃窝边草”。在办公室上演轰轰烈烈的爱情太危险，最后的结果很可能是使你同时失去恋人和工作。

● 不要意气用事。

讲义气的人常盲目承担风险和牺牲自己的利益，这样的人好为了取悦对方而不计后果。有人就因为好朋友被炒鱿鱼而主动辞职，这显然不是明智的做法。

人与人之间，本需要适当的距离，何况是经常会有利益冲突的同事。因此，跟同事切忌亲密无间，否则不是伤人就是伤己。

第九章

轻松搞定生意的应酬学：酒桌之上，谈事有策略

中国人的酒桌文化比其他国家都要发达，求人办事、生意买卖、朋友聚会，全在酒桌上见。可以说，酒桌是沟通感情的平台，是展现个人能力的小舞台，甚至有人把酒桌上的应酬能力称为一个人“软实力”的一部分。酒桌不是兵刃相见的战场，而是觥筹交错的和平地，善于酒桌应酬，可以让陌生人变成朋友，可以获得人心，拿下订单。本章将详细告诉大家关于酒桌的种种规则，懂了这些道理和规矩，你也可以成为酒桌上的明星，在酒桌上办大事。

3FENZHONG GAODING DUIFANG

轻松应对陌生人，自来熟才好办事

喝酒的人经常碰到这种情况，满桌人仅认识一两个人，甚至一个人都不认识，而除自己外的人们都很熟悉。应付这种场合，稍有不慎，就有被灌多灌醉的危险。当然，人家不见得成心灌酒，但即使每人都热情地敬酒劝酒，积少成多，积小成大，也足够落单的自己喝几壶。

灌酒是酒场的习惯，往往表现在无形无意间。坐在这种场合，要想保住清醒不喝多不喝醉，就要眼观几路，审时度势。想提前了解对方的“底细”是来不及了，那就靠现场的机灵和发挥。

酒桌上，务必记住，分清角色最关键。如果是被请，而且是陌生人有求于自己，还相对好办些。在这种情况下，关键是要不使自我失控。只要自己别冲动别忘却身份，稍微端点不是架子的架子，陌生人自然会知难而退。为了事情的解决，不敢太贸然放肆地灌酒。

有时候虽然被请，但仅是随从跟班或来凑人数的。面对熟人们的杯盏交加，自己要冷眼观看，莫要无厘头地以酒会生面孔的人。忘记自己的身份，意味着喝多喝醉。因为，只要喝开头，不拿自己当外人，陌生人会不客气地进攻，一人难抵众人劝。

如果自己做东请客，而且请的是以前素未谋面的人，那就要做足功课：对方是哪里人、喜好什么，有哪些口味禁忌等。

在饭桌上，除了真正想谈的中心话题，一定还要有其他的话题，好营造轻松的氛围，那么，可以说些什么呢?

- 大家都会关注到的热点。

选择众人关心的事件为题，围绕人们的注意中心，让大家都来议论。

- 以兴趣打开话匣子。

问明对方的兴趣，能顺利地找到话题。因为对方最感兴趣的事，总是最熟悉、最有话可谈，也最乐于谈的。如对方喜爱摄影，便可以此为题，谈摄影的取景、胶卷的选择、各类相机的优劣等。如你对摄影略知一二，那定能谈得很融洽。如你对摄影不了解，也可借此大开眼界。

● 以对方为话题。

人们往往千方百计地想使别人注意自己，但大部分的“成绩”都令人失望，因为他不会关心你、我，他只会关心他自己。因此，以对方作为谈话的开端，往往能令他人产生好感，赞美陌生人的一句“你的衣服色泽搭配得真好”、“你的发型很新潮”，能使他快乐而缓和彼此的生疏。也许，我们大多数人都没有说这话的勇气，不过我们可以说：“您看的那本书正是我最喜欢的。”

● 谈话要看对象。

交谈不是一味地发泄自己的感想和情绪，而是一种合作的程序。各种年龄、各种职业、各种地位的人都有各自不同的趣味，都有不同的语言和习惯。因此，在交谈中选择什么样的话题，采用什么样的语言和口吻，应当有所不同。只有这样，大家才能感到都是“自己人”，否则便会产生无形的隔阂。

比如，不要对未婚青年谈育婴问题，不要和艺术家谈理财，不要和残疾人谈运动等等。如果你缺少广博的知识和控制谈话的能力，你可试着从对方的话语中找出他的兴趣所在，让他对自己有兴趣的题目发表看法等。

● 提出问题。

我们可以把这种谈话视为投球、接球的动作，而许多难忘的谈话也都是由一个问题开始的。可以问：“您每天的工作情况怎么样？”通常人们都有会热心的回答。而对较内向、看来羞怯的人，不妨多发问，帮助他把话题延续。

● 留心倾听。

谈话投机，有一半要靠倾听。倾听是一种艺术，不倾听就不能真正交谈。与刚认识的人谈话时，应该看着他，并对他所讲的话题有所反应，鼓励他继续说下去。这样，倾听就成为一个主动的动作而不是被动，能让你不断地更进一步探索。

有效的沟通不同于无聊的闲谈，目的在于互相发现和了解。很多人无法给他人留下良好的印象，是因为他们不能专心倾听对方说话，只是一味地思考自己下一句该说些什么。其实，一个健谈的人同时也应是个耐心的倾听者。所以，如果希望他人喜欢您，做一个有耐心的听众，鼓励别人畅所欲言是最大的诀窍。

总之，快速“俘获”陌生人的心，建立信任才能好办事。因此要谨记，酒桌之上，跟人交谈沟通是为了好办事，切莫喝得晕晕乎乎而忘了正经事。

先聊小事，再谈大事

在人际交往中，要赢得他人的好感，使交际能够顺利进行，一个重要的秘诀就是谈对方感兴趣的话题。由于大多数人都只喜欢谈自己感兴趣的话题，因而，当一小部分人能克制自己而去关心别人，能抛开自己的话题而去谈别人感兴趣的话题时，他就能轻易获得成功。

别人感兴趣的话题一般是对方经历中最辉煌的事情，最精彩的得意之作，因此，在交往之前，应先了解一些对方的基本情况，以便能有的放矢，更快地找到对方的兴奋点。当一时找不到对方感兴趣的话题时，可从身边的小事谈起，不要认为小事不值一提，不要自视清高。

在餐桌上谈论凶杀、战争、饥荒、瘟疫之类的"大话题"，显得不合时宜。

小话题我们谈得最多。小话题可以建立、增进和培养感情。只有通过交流，我们才能在工作和生活中建立并巩固可靠的人际关系，而这些关系可以为我们提供信息和资源。

聊聊小话题可以彼此交流信息、爱好、思想以及对一些问题的看法。通过谈论小话题，可以避免冷场的尴尬，可以判断对方的身份和喜好。而且，小话题也并非总是鸡毛蒜皮的小事，有些人就是通过闲聊一些与艺术、体育、经济、政府计划或健康相关的话题而相互熟悉起来的。

想谈大事，必须先聊小事。闲聊能巩固我们与他人的关系，并帮助我们获得成功。

对于生意人来说，与合作伙伴或客户的谈判是不可避免的。要想在谈判桌上与对手顺利达成协议，缔结合约，你必须掌握一些必要的方法和策略。而在谈判之前的酒桌上，你就应努力创造一种热情友好、轻松愉快的洽谈气氛，从而消除对方的猜疑、警惕、紧张心理，这对以后双方诚恳洽谈、互谅互让、友好地达成协议有重大作用。

要为建立融洽的谈判气氛打下基础，在酒桌上谈大事之前的"小事"能否谈好，是十分重要的。它是谈判机器开动的奇妙的"润滑剂"，是减少双方心理障碍的有效的“催化剂”。

聊的一些“小事”，不仅是沟通语言交流的渠道，还能为以后谈判的顺利进展创造良好的气氛和条件。邓小平与英国女王及丈夫爱丁堡公爵会谈前谈的小事就很富有启发意义。

双方见面时，邓小平迎上前去，对英国女王说：“见到你很高兴，请接受一位中国老人对你的欢迎与敬意。”

接着，邓小平说：“这几天北京的天气很好，这也是对贵宾的欢迎。当然，北京的天气比较干燥，要是能‘借’一点伦敦的雾，就更好了。我小时候就听说伦敦有雾。在巴黎时，听说登上巴黎铁塔就可以望见伦敦的雾。我曾经登上过两次，可是很遗憾，天气都不好，没能看到伦敦的雾。”

爱丁堡公爵说：“伦敦的雾是工业革命时的产物，现在没有了。”邓小平风趣地说：“那么‘借’你们的雾就更困难了。”

爱丁堡公爵说：“可以借点雨给你们，雨比雾好。你们可以借点阳光给我们。”

这些“小事”，双方都说得十分高雅而得体。

小平同志的话说明英国贵宾的到来不仅占“人和”——中英友好，而且占“天时”——天气很好，也点明小平同志对雾都伦敦的认识和了解。

爱丁堡公爵的答话流露出对英国环境治理成效显著的自豪感。至于借雨、借阳光，多少隐含着双方互通有无的意向。

那么，怎样在谈大事之前，先谈好小事呢？首先，要主动热情、大方得体，力求先入为主地向对方传递有声和无声的信息，借此表现出自己对对方的热情、友好、关心与信任，也表现出真诚期望并信心十足，这可以给对方留下一个鲜明、深刻的第一印象。

酒桌上的话题不用那么死板，谈的“小事”可以是多方面的，但最好是令人轻松愉快的、非业务性的，比如谈到双方的家乡、阅历、家庭、会谈前旅游过的地方、风土人情、趣事逸闻、爱好专长、时事新闻等等。如双方有过一段合作的经历或共同认识的朋友，也可以通过共同的回顾与交流来找到双方的共同点、联系点。通过上述话题的寒暄，往往比较容易引发双方某方面的共鸣，发现共同的兴趣，引起双方心灵的共鸣，为谈“大事”奠定良好的感情、气氛的基础。

派坐学问大，方位要记清

小方是一家单位的行政主管，工作一直尽职尽责，谁知，却因为酒桌位次安排的失误，险些“失宠”。有次，单位年末要请客，她是组织者。可安排座位时却没在意，让参会的一位贵客坐在背靠门口的位置，这让她的上司很不高兴。

宴请时，每张餐桌上的具体位次有主次尊卑之别。主人或贵宾大都应当面对正门而坐，并在主桌就座。各桌之上位次的尊卑，应根据其距离该桌主人的远近而定，以近为上，以远为下。

各桌之上距离该桌主人相同的位次，讲究以右为尊，即以该桌主人面向为准，其右为主，其左为次。

酒桌上的礼仪，说大不大，说小也不算小，有时一个不经心的失误，就会成为日后晋升和加薪的障碍，所以，这些礼仪还是要多了解。

说到酒桌座次，总的来讲，座次是“尚左尊东”、“面朝大门为尊”。若是圆桌，则正对大门的为主客，主客左右手边的位置，则以离主客的距离来看，越靠近主客位置越尊，相同距离则左侧尊于右侧。若为八仙桌，如果有正对大门的座位，则正对大门一侧的右位为主客。如果不正对大门，则面东的一侧右席为首席。

如果为大宴，桌与桌间的排列讲究首席居前居中，左边依次2、4、6席，右边为3、5、7席，根据主客身份、地位，亲疏分坐。

如果你是主人，你应该提前到达，然后在靠门位置等待，并为来宾引座。如果你是被邀请者，那么就应该听从东道主安排入座。

一般来说，如果你的老板出席的话，你应该将老板引至主座，请最高级别的客户坐在主座左侧位置。

如果是一间房间的雅座，正冲着门口的座位是主陪，就是主家，也就是请客的主人。他面对着门是有一定道理的，因为客人可能并不是同时来到，这样便于看到每一位客人的来临，可以及时站起来迎接客人。如果是多间的雅座，有休息室什么的，一边每间都会有个装饰的门，冲着这个装饰门的就是主陪。

有时候，客人没来全，主要是主宾没来，大家一般都不会落座，都坐在休息间的沙发上等。客人全部落座后，主陪的右手边是主宾，就是今晚宴请的主角，左手边是副宾。如果主人对宴请的一行人不是很熟悉，这里面应该有一个和主陪熟悉的人，他会请这个人安排主宾、副宾的位置。一般主宾落座，会安排其他随他来的客人的位置。

主宾一般很好安排，谁的职位高谁就座，倒是不分年纪大小，除非这个该坐主宾位置的人自己让给他曾经的老领导、师傅等他比较尊敬的人，那另当别论。副陪坐在主陪的对面，坐在“副陪”右面的叫“三宾”，左面的叫“四宾”。服务员倒酒的时候，是顺时针，从主宾开始、主陪、副宾一次倒过来。上菜的时候也是放到托盘上，然后顺时针转到主宾的面前。

下面来说说坐不同位次的人需要做些什么。

● “主陪”位置：顾名思义，就是请客掏钱买单的人。主陪是请客的最高职位者，或陪酒的最尊贵的人。位置在一进门的正面，就是面朝房间的正门。主要作用基本就是和庄主差不多，把握本次宴请的程序、时间，喝酒程度等等。

● “副陪”位置：副陪是请客一方的第二要位，说白了就是请客方陪酒的人，是陪客者里面第二位尊贵的人。位置在主陪的对面，即背对门口。这个位置主要作用就是依靠自己的行动带动客人喝酒，加深主客之间的感情。此乃任务艰巨之座位。

● “主宾”位置：主宾就是客人宴请的最重要的人物，是客人里面职位最高者或地位最尊贵者。位置在“主陪”的右手边第一个，紧靠主陪。

有时，人们会选择让酒量大的人来坐这个位置，这是不对的。请客的规矩更多的时候实际是一种礼仪，实质还是一个尊重。如果出现上述的情况，实际上真正的主宾不会少喝多少，名誉的主宾一般会被灌倒。因为不是最尊贵的客人却坐在主宾位置，只是因为他能喝酒，作客的肯定要把他陪好，所以客人会得不偿失。其实，主陪就是整个酒桌的目光关注点，也是所有待遇最优先的享受者。

● “副主宾”位置：是客人一方的第二要位。这些年来被封于幽默称号："刺客（次客）"，位置在"主陪"的左手方第一个，紧靠主陪，一般是宴请客人身份或者地位中仅次于主宾的人。

●"三陪"位置：这是近几年刚刚流行起来的一个称呼，一般在主陪的右手边第二位置。他的主要作用是跟主陪一左一右把"主宾"夹在中间，便于照顾。

●"三宾"位置：是客人一方的第三要位。位置在"副陪"的右手方。

●"四宾"位置：是客人一方的第四要位。位置在"副陪"的左手方。

在参加宴请时，坐对位置说对话，这些都是要谨记的，不能因为是去喝酒或者喝多了酒，就乱了套路，否则，吃亏的肯定是你。

氛围越轻松，应酬越成功

毕业后，某大学的大四学生刘刚与某四星级酒店的企划部签下试用合同。凭借严谨和踏实，他的工作得到了大家的认可，他感觉自己“正式签约肯定没问题”，谁知最后却被硬生生地“挤”掉了。

留心观察后刘刚发现，挤掉他的两名员工总能成为聚会的焦点：既能喝酒，又会说话，还懂得调节酒桌气氛，饭后的KTV也把大家逗得很开心。

后来，带他的老师告诉他，企划部需要与人沟通打交道，很多繁琐、程序性的事情，往往需要人际技巧来解决，踏实肯干并不能解决所有的问题。“他专门提到我曾经推辞与领导喝酒的细节，说我破坏了整场饭局的气氛，非常尴尬。”刘刚叹息“自己太嫩了”。

所谓的个人“软实力”，说的就是这些与人打交道的能力，“软实力”已被现在的职场之人不同程度地接受，绝大部分人表示，媒体、保险、公关、酒店等行业尤其需要这些“软实力”，即使不会马上有用，但也绝对不可或缺。能够调节好酒桌氛围，这是请客的关键，也是目的所在，把宾客陪同好，气氛调节轻松愉悦，才能达到事半功倍的效果。

也许有人会问，会吃喝玩乐也算能力？是的，如果需要，这就算能力。在酒桌上，如果能调节好气氛，营造轻松、热烈的气氛，安排得到位，让对方开心了，至于想签的合同，想办的事，那些都是手到擒来的事。

要知道，与大家畅谈是席间一切话语内容的起始。酒桌不是一个人的，是多数人的聚会，气氛的调动需要每位宾客的积极参与。因此不要一个人沉默寡言，金口难开，枯坐一隅，这不符合进餐的礼仪。美国礼仪之后蒲爱梅说：“礼仪有一条不可破坏的规矩就是，你必须对邻席谈话。你必须谈话，整个说起来就是这么回事。”

话题是由一人兴起，转而在彼此间传送的。所以，与左邻右舍交谈时就尽量谈论一些能得到多数人认同并乐于参与的话题，这样的话题不会太偏，避免了唯我独尊，天南地北，神侃无边的独自漫游现象。

无论是有求而来，还是别有目的，都要避免在席间过多地谈论工作。请求以及其他的合作事项，当然也不能绝口不提，最好是一带而过，彼此心知肚明。酒酣耳热，尽兴极欢之时，事情也就顺理成章地落实了，频露骨的提醒反倒坏了大事。

吃饭时本应该放松，大家都聚在酒桌前，就更应该放松了，不妨讲些笑话或者玩些小游戏，相信即便是寡言的人，在笑话或游戏的“刺激”下，也会变得轻松、兴奋起来。下面告诉大家几款适合在酒桌上玩的小游戏。

●猜人名游戏：

游戏规则：事先准备几条对本公司员工的特征性的描述，然后让大家猜该员工的名字，猜对有奖。本游戏的变形：如果是分组落座的年会，可要求每一组出一道猜人名的题目，该人名是本组中的某一位，然后让其他组的人猜，猜中了有奖。最后评选一组人名和特征性描述最吻合的最佳作品给予奖励。其作用就是，可以加强互相了解。

●餐桌游戏之信手拈来版：猜牙签

猜牙签便是这么一个在餐桌上可以信手拈来的小游戏，因为牙签是每张桌子上的必备之物。 这个游戏其实是庄家和参与者之间的一场较量。人数最好在10人左右，再准备比人数多一根的牙签。庄家随意将其中的几根（不能全部）拿在手中，让参与者一个个猜手中的牙签数目，这些数字不能重复，猜不中者就是输家，也就是下一轮的庄家。如果一圈下来，没有人猜中，那么输家则是庄家自己，不得不接受惩罚。这个游戏的最大好处是心平气和，适合全家老小一起来玩。有人说它最好在酒桌上进行，那样的话，人人都可以喝一点，但在坐若有不胜酒力的女生朋友猜牙签，那惩罚措施可以是：吃米饭。

●餐桌游戏之心口不一版：007

这个游戏虽然名为“007”，其实任何一些数字的组合都可达到相同的效果，类似孩提时代在体育课上的“叫号”游戏。第一个人叫“0”和一个在座者的名字，被叫的再叫“0”和另一个在座者的名字，第二个被叫者叫“7”和第三个被叫者的名字，一旦听到第三个被叫者的名字后，他左右的两个人要在最短时间内作出反应，可以挥挥手或模拟抚摩第三个被叫者，让他带点儿众星捧月的自豪感。反应慢的人只能服输。

之所以说它“心口不一”，因为最后那一关要考验的其实并不是被叫者，而是被叫者身边的两个人。至于过程中任何人有什么不恰当的举动，都应判作错误而惩罚他们。游戏的最大乐趣除了最后那一关，还有过程中的互相叫嚷，气氛相当热烈，牵涉面也相当广。

所以说，不一定是天生开朗外向的人才能调节好酒桌的气氛，就算是本身话不多，也可以通过学习和有意识地注意，去营造一个轻松活泼的气氛，让大家都吃得轻松，玩得开心。把对方逗开心了，就是应酬的成功，还怕有什么事日后办不成吗？

牢记酒桌礼仪，做到决不失礼

酒桌上的礼仪，是一定要懂得的。如果是跟亲戚朋友在一起吃饭，就无所谓那么多规矩了，但如果是人际应酬，不懂规矩就会大大减少别人对自己的印象分，也就是前边说的，“软实力”不够。因此，要牢记酒桌礼仪，做到决不失礼。一般来说，如果自己真不能喝，就别开第一口，端着饭碗夹了菜一边吃着去。如果确信自己要喝，就别说其他的了，接下来这些规矩是肯定要懂的：

- 韬光养晦，厚积薄发，切不可一上酒桌就充大。
- 领导相互喝完才轮到自己敬。
- 可以多人敬一人，决不可一人敬多人，除非你是领导。
- 自己敬别人，如果不碰杯，自己喝多少可视乎情况而定，比如看对方酒量，对方的喝酒态度，切不可比对方喝得少，要知道是自己敬人。
- 自己敬别人，如果碰杯，一句，我喝完，你随意，方显大度。
- 若自己职位卑微，记得多给领导添酒，不要瞎给领导代酒，就是要代，也要在领导确实想找人代，还要装作自己是因为想喝酒，而不是为了给领导代酒而喝酒。比如领导甲不胜酒力，可以通过旁敲侧击把准备敬领导甲的人拦下。
- 端起酒杯，右手扼杯，左手垫杯底，记着自己的杯子永远低于别人。自己如果是领导，知趣点，不要放太低，不然下属也会尴尬。
- 如果没有特殊人物在场，碰酒最好按时针顺序，不要厚此薄彼。
- 碰杯，敬酒，要有说辞，不然，人家干吗要喝你的酒？
- 桌面上不谈生意，喝好了，生意也就差不多了，大家心里面了了然，不然人家也不会敞开了跟你喝酒。
- 不要装歪，说错话，办错事。不要申辩，自觉罚酒才是硬道理。
- 假如遇到酒不够的情况，酒瓶放在桌子中间，让人自己添，不要去一个一个倒酒，不然后面的人没酒怎么办？

● 最后，一定还有一个闷杯酒，所以，不要让自己的酒杯空着。

● 注意酒后不要失言，不要说大话，不要失态，不要吐沫横飞，筷子乱甩，不要手指乱指，喝汤发出声响。

● 领导跟你喝酒，不管领导要你喝多少，自己先干为敬，记住，双手拿杯，杯子要低。

如果你不能喝，那么：第一，不要主动出击，实行以守为攻战略；

第二，桌前放两个大杯，一杯放白酒，一杯放矿泉水，拿小酒盅干杯，勤喝水，到酒桌上主客基本都喝八分醉时，可以以水代酒，主动出击；

第三，干杯后，不要马上咽下去，找机会用餐巾抹嘴，把酒吐在餐巾里；

第四，上座后先吃一些肥肉类、淀粉类食品垫底，这样喝酒不容易醉；

第五，掌握节奏，不要一下子喝得太猛；

第六，领导夹菜时，千万不要转酒桌中间的圆盘，领导夹菜你转盘是酒桌上大忌；

第七，每次干杯时，倒满，然后在喝前假装没有拿稳酒盅，尽量洒出去一些，这样每次可以少喝不少。

说完了喝酒的规矩，再说一说其他的礼仪。

● 众欢同乐，切忌私语。

大多数酒宴，宾客都较多，所以应尽量多谈论一些大部分人能够参与的话题，避免唯我独尊，天南海北，神侃无边，出现跑题现象，而忽略了众人。特别是尽量不要与人贴耳小声私语，这会给别人一种神秘感，进而产生一定的嫉妒心理，影响喝酒的效果。

● 瞄准宾主，把握大局。

大多数酒宴都有一个主题，也就是喝酒的目的。赴宴时，首先应环视一下各位的神态表情，分清主次，不要单纯地为了喝酒而喝酒，而失去交友的好机会，更不要让某些哗众取宠的酒徒搅乱东道主的意思。

● 语言得当，诙谐幽默。

酒桌上可以显示出一个人的才华、常识、修养和交际风度，有时，一句诙谐幽默的语言会给客人留下很深的印象，使人无形中对你产生好感。所以，应该知道什么时候该说什么话，语言得当，诙谐幽默很关键。

● 劝酒适度，切莫强求。

在酒桌上往往会遇到劝酒的现象，有的人总喜欢把酒场当战场，想方设法劝别人多喝几杯，认为不喝到量就是不实在。“以酒论英雄”，对酒量大的人还可以，酒量小的就犯难了。有时，过分地劝酒，会将原有的朋友感情完全破坏。

● 敬酒有序，主次分明。

敬酒也是一门学问。一般情况下，敬酒应以年龄大小、职位高低、宾主身份为序。敬酒前一定要充分考虑好敬酒的顺序，分清主次。即使与不熟悉的人在一起喝酒，也要先打听一下身份或是留意别人如何称呼，这一点心中要有数，避免出现尴尬或伤感情的局面。

敬酒时，一定要把握好敬酒的顺序。如果有求于某位客人，在席上时对他自然要倍加恭敬。但是要注意，如果在场有更高身份或年长的人，则不应只对能帮你忙的人毕恭毕敬，也要先给尊者长者敬酒，不然会使大家都很难为情。

● 察言观色，了解人心。

要想在酒桌上得到大家的赞赏，就必须学会察言观色。因为与人交际，就要了解人心，左右逢源，才能演好酒桌上的角色。

虽然各地的酒桌文化不尽相同，但上边说的这些基本上是通用的酒桌礼仪。能够做到这些，就不会失礼。如果能再来点花样，说些笑话，活跃气氛，那是更好的了。如果是本身不擅应酬的人，能做到上述这些，也算是知礼之人。

如何把菜点到对方心上

现在生活水平提高了，到饭店吃饭是再平常不过的事了，如果只是家常的便宴，就没有什么特别的讲究。如果你是企业的商务用餐，或者是会议用餐，而你恰巧又是办公室主任之类的人，那么点菜就很有讲究，既要兼顾菜肴的色香味形和花销，又要察言观色，“投客人所好”。何时点菜，谁来点菜，点些什么菜，这些看似细节的东西，却隐藏着“玄机”。如果安排得不好，对方心里肯定要嘀咕。那么，在此来详细说下请客吃饭时如何把菜点到对方心上的秘诀吧。

如果时间允许，你应该等大多数客人到齐之后，将菜单供客人传阅，并请他们来点菜。当然，作为公务宴请，你会担心预算的问题，因此，要控制预算，你最重要的是要多做饭前功课，选择合适档次的请客地点，这样，客人也能大大领会你的预算。况且一般来说，如果是你来买单，客人也不太好意思点菜，都会让你来做主。如果你的老板也在酒席上，千万不要因为尊重他或是认为他应酬经验丰富，酒席吃得多，而让他来点菜，除非是他主动要求，否则，他会觉得不够体面。

如果你是赴宴者，你应该知道，你不该在点菜时太过主动，而是要让主人来点菜。如果对方盛情要求，你可以点一个不太贵、又不是大家忌口的菜。记得征询一下桌上人的意见，特别是问一下“有没有哪些是不吃的？”或是“比较喜欢吃什么？”让大家感觉被照顾到了。点菜后，可以请示“我点了菜，不知道是否合几位的口味”，“要不要再来点其他的什么”等等。

点菜时，一定要心中有数。点菜时，可根据以下几个规则：

一看人员组成。一般来说，人均一菜是比较通用的规则。如果是男士较多的餐会可适当加量。

二看菜肴组合。一般来说，一桌菜最好是有荤有素，有冷有热，尽量做到全面。如果桌上男士多，可多点些荤食，如果女士较多，则可多点几道清淡的蔬菜。

三看宴请的重要程度。若是普通的商务宴请，平均一道菜在50元到80元左右可以接受。如果这次宴请的对象是比较关键的人物，那么则要点上几个够分量的菜，例如龙虾、鲍鱼等。

还有一点需要注意的是，点菜时不应该问服务员菜肴的价格或是讨价还价，这样会让你的公司在客户面前显得有点小家子气，而且客户也会觉得不自在。

如果不是和外宾吃饭，一般都是吃中餐，中餐点菜有“三优四忌”。

一顿标准的中式大餐，通常，先上冷盘，接下来是热炒，随后是主菜，然后上点心和汤。如果感觉吃得有点腻，可以点一些餐后甜品，最后是上果盘。在点菜中，要顾及到各个程序的菜式。

优先考虑的菜肴有这些：

• 有中餐特色的菜肴。宴请外宾的时候，这一条更要重视。像炸春卷、煮元宵、蒸饺子、狮子头、宫爆鸡丁等，并不是佳肴美味，但因为具有鲜明的中国特色，所以受到很多外国人的推崇。

• 有本地特色的菜肴。比如西安的羊肉泡馍，湖南的毛家红烧肉，上海的红烧狮子头，北京的涮羊肉，在那里宴请外地客人时，上这些特色菜，恐怕要比千篇一律的生猛海鲜更受好评。

• 本餐馆的特色菜。很多餐馆都有自己的特色菜。上一份本餐馆的特色菜，能说明主人的细心和对被请者的尊重。

在安排菜单时，还必须考虑来宾的饮食禁忌，特别是要对主宾的饮食禁忌高度重视。这些饮食方面的禁忌主要有几点：

• 宗教的饮食禁忌，一点也不能疏忽大意。例如，穆斯林通常不吃猪肉，不喝酒。国内的佛教徒少吃荤腥食品，它不仅指的是肉食，而且包括葱、蒜、韭菜、芥末等气味刺鼻的食物。

• 出于健康的原因，对于某些食品也有所禁忌。比如，心脏病、脑血管、脉硬化、高血压和中风后遗症的人，不适合吃狗肉。肝炎病人忌吃羊肉和甲鱼。患有肠炎、胃溃疡等消化系统疾病的人也不适合吃甲鱼。高血压、高胆固醇患者，要少喝鸡汤等。

• 不同地区，人们的饮食偏好往往不同。对于这一点，在安排菜单时要兼顾。比如，湖南省份的人普遍喜欢吃辛辣食物，少吃甜食。英美国家的人通常不吃宠物、稀有动物、动物内脏、动物的头部和脚爪。另外，宴请外宾时，尽量少点生硬需啃食的菜肴，老外在用餐中不太会将咬到嘴中的食物再吐出来，这也需要顾及到。

善用祝酒之词，博得全场喝彩

如今，祝酒词有的用于国家级宴会或外交场合，有的用于日常生活的婚寿喜宴、迎来送往的接风饯行的酒宴之上，但不管是什么场合的祝酒词，其正文一般都是由三个部分组成的：第一部分，是欢迎或感谢之辞。

祝酒词有的是以主人身份发表的，有的则以客人的身份发表。前者就要对客人的到来致以热烈欢迎，后者就要对主人的款待致以衷心的感谢。第二部分，是表达美好的祝贺、祝愿之辞。第三部分是结尾，向对方敬酒干杯，结束全文。通常祝酒词的第一段，就是第一部分；二、三、四段，就是第二部分；最后一段，就是结尾部分。

需要说明的是，第二部分是祝酒词的重心部分，占祝酒词的主要篇幅，常常是通过对对方的赞美颂扬来表达祝贺、祝愿之意的。祝酒词是抒情之文，一篇好的祝酒词，要写得情感饱满，真挚动人，这样才能让人兴奋、欢愉，达到祝酒的效果。但抒情不能是空洞的，不能是口号式的，要通过叙事、议理来抒情。这就要求演讲人要善于根据不同类型的祝酒词及演讲的不同场景，选取最有特点的人和事，加以适当的议论，把情寓意于叙议之中，做到事、理、情的有机融合。

如美国前总统尼克松的这段祝酒词：

昨天，我们同几亿观众一起，看到了名副其实的世界奇迹之一——中国的长城。当我在城墙上漫步时，我想到了为建筑这座城墙而付出的牺牲；我想到了它所显示的在悠久的历史上始终保持独立的中国人民的决心；我想到这样一个事实，那就是，长城告诉我们，中国有伟大的历史，建造这个世界奇迹的人民也有伟大的未来。

1972年，尼克松首次访问中国并与我国建立了正式外交关系。为庆祝访问成功，在离京之前举行了答谢宴会并致祝酒词，上面所引就是其中的一段。这里，尼克松通过叙所见、谈感想，表达了对中国历史、未来的赞扬之情，自然而又得体，赢得了满堂彩。

祝酒词重在一个“祝”字，在祝中推动起热烈场面。这就要求祝酒词要写得精而活，用精短的祝辞创造生动活泼的现场气氛，而不是把场面讲冷、讲凉。因此，趣味性就成了祝酒词不可缺少的一个要素。当然，趣味的标准也不一样，有的含蓄蕴藉，耐人寻味，我们不妨称之为庄趣；有的诙谐幽默，引人发笑，我们不妨称之为谐趣。

如果是在热闹的婚宴上，需要笑声不断，就可以求谐趣的效果。如有人在祝酒词中，这样来妙解天时地利人和中的“人和”。他说：“人和有三合，即合法、合情、合理。所谓合法，刚才我检查了他们的结婚证，他们的结婚证是真的，不是假冒的，所以我向各位宣布：他们是合法夫妻。所谓合情，据新郎新娘坦白交代，他们是自由恋爱、一见钟情，你们看，新郎的手很长很长，从资江河的这边伸到资江河的那边，把我们隆回姑娘抓了过来。所谓合理，新郎，为人聪明；新娘，如花以玉，一个‘为人聪明’，一个‘如花似玉’，可以说是‘优化组合’了。”

这种别开生面的妙解，真让人忍俊不禁。但需要注意，不能把谐趣变得低级庸俗。

祝酒词是一曲祝福歌、欢乐颂，要讲喜不讲忧，描绘“春来江水绿如蓝”的美景，使人心旷神怡，不能给人们带去不快，也不能有“劝君更进一杯酒，西出阳关无故人”的低沉情调。这些都是需要注意的。

每每在酒桌上，在毫无准备的情况下，被推举出来提议祝酒可能是非常令人紧张的。此时最好的解决办法就是说出你的感受。祝酒词从来用不着太长，如果当你在毫无准备的情况下被叫起来致祝酒词，你可以说一些简单的话。但如果你想表现得更有风度、更有口才，你就要增加一些回忆、赞美以及相关的故事或笑话。然而，祝酒词应当与场合相吻合。幽默感极少会显得不合时宜，但是在婚礼上的祝酒词应该侧重于情感方面，向退休员工表达敬意的祝酒词则应当侧重于怀旧，诸如此类。符合特定的场合、时机的祝酒词，才会博得全场喝彩。